JN273193

アンデスの空 パタゴニアの風

El Cielo de Los Andes   El Viento de La Patagonia

荒井 緑

Midori Arai

中央公論事業出版

マゼラン海峡。乗船。

ラパタイア。南緯54度51分19秒。国道3号線の終着点。ブエノス・アイレスから3,063km。アラスカから17,848km。

マゼラン海峡、希望入り江。波打ち際から、砂利混じりの乾いた土の道が、茫々とはるか彼方まで続いているのが見えたとき、一旦、走るのを止めました。

川床を走り、夏場は川の水が増水するので陸の孤島となるアトチャの町を通過して、ウジュニ塩湖へ行きました（2006年9月）。

セニョレット水道を辿り、フィヨルド・ウルティマ・エスペランサ（最後の希望）を航行。

ペリート・モレーノ氷河、第1展望台。2009年1月、再びウスアイアに向かった（ただし、このときは国道40号線をメンドーサ州から南下して行った）ときに撮影したもの。何度訪れても、この場所で撮った写真は、"ポスター"になります。

州道23号線。我々が走る前方には、フィッツ・ロイ山が、青いシルエットを作ってくっきり浮かび上がっていました。

チリ国道7号線、別名"南ロード"。
チリ国道7号線は、ボリヴィア"死の道"に似ています。

国道40号線。何もない、灰色の大地のど真ん中を真っ直ぐ貫いている1本の道を、無限の彼方へ向かって走っていました。2009年1月、BMW GS 1150cc アドヴェンチャーを駆って再びウスアイアへ行きました。

バーホ・カラコーレス。"クエヴァ・デ・ラス・マーノスを訪問なさいませ"と書かれた立て札がありました。

リオ・マージョ。町の入り口には、金属でできた、何かのモニュメントがありました。2009年1月、ウスアイアへの往路。

オールド・パタゴニア急行。あえてセピア色に仕上げてもらった写真です。

死んだ牛渓谷に至る道。

塩のホテル。コルチャーニの町からウジュニ塩湖へ入り、西に約20km走ると、塩のホテルに到着します。

右上：ナウエル・ウアピ湖から流れ出ているのがリマイ川。

右中：雲の中に霞んで見える谷間のタフィ。2006年7月、ペルーのマチュ・ピッチュへ行った帰路。

右下：アンデス山脈から吹き降ろしてくる熱砂の嵐、ソンダです。2010年7月、ウジュニ塩湖へ行く途中、遭遇した砂嵐。すっぽり、セピア色の風景。

アタカマ砂漠。月の谷の入り口にバイクを着けました。

標高5,916mのリカンカブール火山（中央）。奥へ続いているのが、
ボリヴィアへ行く道。

青白く半分凍ったミスカンティ湖。

転倒事故。ホセはあわててハンドルを左に切り、バイクを左に傾けて国道に戻ろうとしたところで転倒。

グアナコをさらにスリムにしたようなヴィクーニャ。ボリヴィア、宝石の道で（2010年7月）。

道があるような、ないような、それが、ボリヴィアの"宝石の道"。そうなのです、砂漠の道は、自分で付けるのです。

上：サン・アントニオ・デ・ロス・コブレスから国道40号線を45km走ると、アブラ・デル・アカイの最高峰に到着します。

中：国道40号線上、標高が最も高い地点は、サルタ州のアブラ・デル・アカイです。ここを通ったとき、我々のGPSは4,960mを示していました。道路標識には4,895mと記されていましたが。

下：カクサータからインキシヴィ。霧で視界が利かない道。対向車に道を譲るため、我々は崖っぷちに寄らねばならない。

インキシヴィからイルパーナ。山道を慎重に下ってきたところで、小川が出現。早瀬の先は、滝となっていました。

イルパーナからコロイコ。我々がたった今走ってきた山の斜面の道を、路線バスが走って行きます。丘陵を6つ越えたところまでは数えていましたが、あとは、数えるのを止めました。丘陵は延々と続いていたからです。

コロイコ。プラタノと呼ばれる果物。バナナなのですが、現地の人はこれを生では食べず、油で揚げて料理の付け合わせとして供します。

コロイコからラ・パス。右側に見える道が、新しく開通した舗装道路。左側に見えているのが未舗装の旧道。

コロイコからラ・パス。迷路のような旧道が眼下に見えました。

国道の右手側にティティカカ湖を見ながら走り、ペルーへと国境を越えました。背景は、ボリヴィア側ティティカカ湖と国境の町。

国境の町、デスアグアデーロ、ペルー側。

ヴァージェ・サグラード。右手側に見えるのは、
マチュコルカの遺跡。

ヴァージェ・サグラード。オジャンタイタンボが、
バイクで到達できる最後の町。

ヴァージェ・サグラード。インカ帝国の聖なる流域、あのヴァージェ・サグラードを、また走りたい！

ペルー・アンデス山脈高原をチヴァイへ向けて。
空はあくまで高く、深く青く、そして透き通っています。

アンデスの空 パタゴニアの風●目次

プロローグ　オルロ Oruro　5

第Ⅰ部　ブエノス・アイレス〜フエゴ島　11
　　　　Buenos Aires 〜 Tierra del Fuego

第Ⅱ部　フエゴ島〜ブエノス・アイレス　113
　　　　Tierra del Fuego 〜 Buenos Aires

第Ⅲ部　ブエノス・アイレス〜アタカマ　225
　　　　Buenos Aires 〜 Atacama

エピローグ　コロイコ Coroico　251

ブエノス・アイレス〜フエゴ島 ルートマップ　2
ブエノス・アイレス〜アタカマ ルートマップ　3

ブエノス・アイレス〜フエゴ島 ルートマップ（第Ⅰ部・第Ⅱ部）

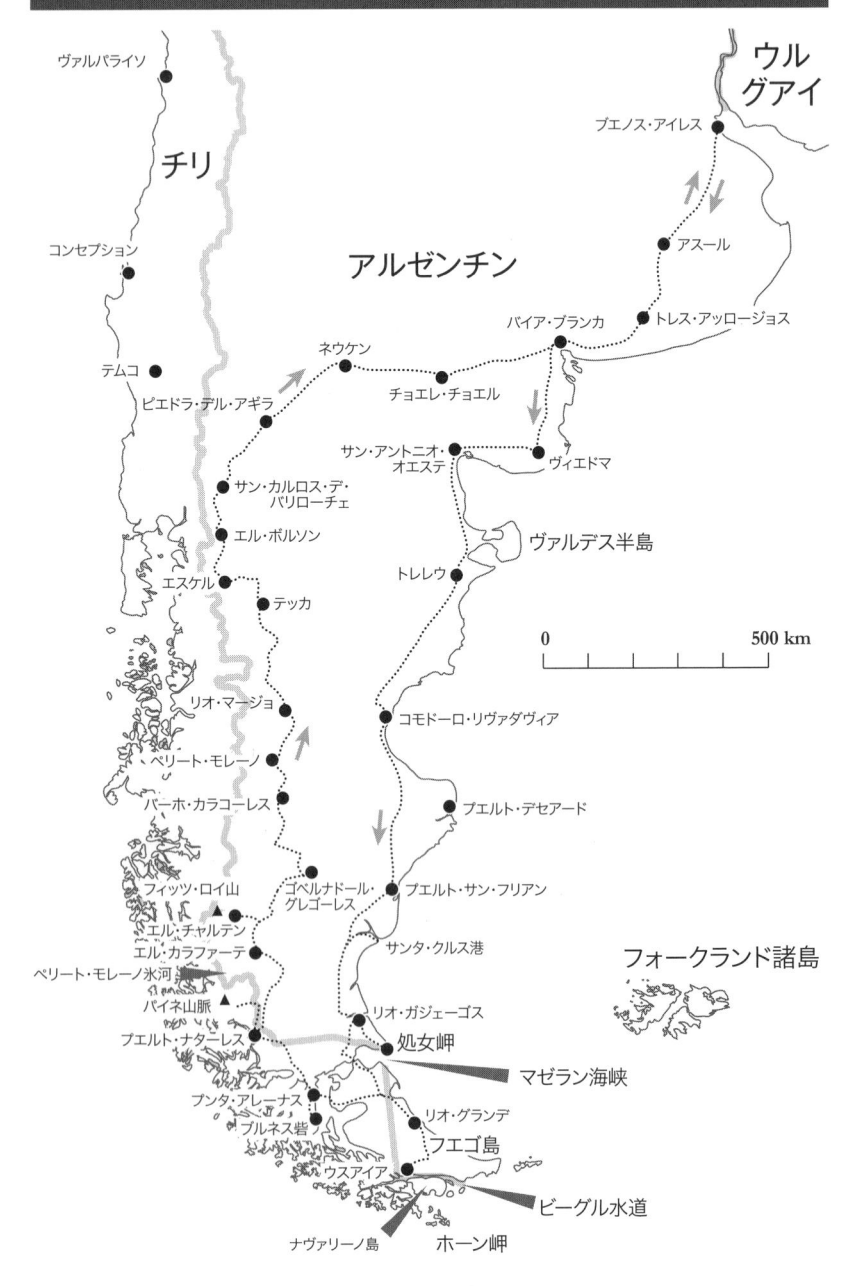

ブエノス・アイレス〜アタカマ ルートマップ（第Ⅲ部）

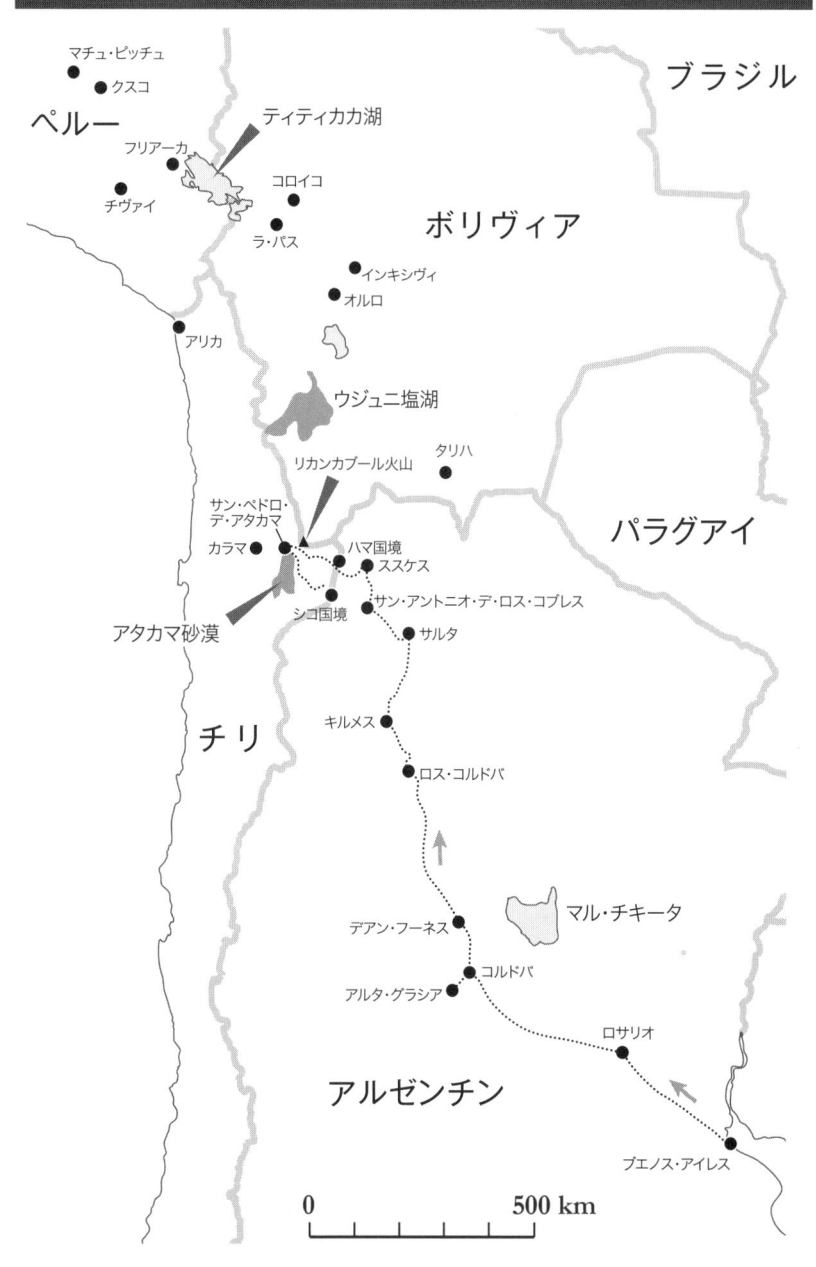

- マチュ・ピッチュ
- クスコ
- ペルー
- ティティカカ湖
- ブラジル
- フリアーカ
- コロイコ
- ボリヴィア
- チヴァイ
- ラ・パス
- インキシヴィ
- オルロ
- アリカ
- ウジュニ塩湖
- タリハ
- リカンカブール火山
- パラグアイ
- サン・ペドロ・デ・アタカマ
- カラマ
- ハマ国境
- ススケス
- サン・アントニオ・デ・ロス・コブレス
- シコ国境
- アタカマ砂漠
- サルタ
- チリ
- キルメス
- ロス・コルドバ
- マル・チキータ
- デアン・フーネス
- コルドバ
- アルタ・グラシア
- ロサリオ
- アルゼンチン
- ブエノス・アイレス

0　　　500 km

プロローグ

オルロ
Oruro

●2012年9月9日

オルロ（ボリヴィア）

　冬の終わり。夜明け前。
　暖房の入っていないホテルの、薄暗いロビーに備え付けられたパソコンを使って、私は、私の親友で私の遺言執行人でもあるその人に、長い挨拶のメイルを送りました。

……7日前にブエノス・アイレスを発ちました。すでに2,900kmを走って来ました。今日、これからYungas（ジュンガス）と呼ばれるアンデス山脈の湿った峡谷地帯に入ります。その先は、Camino de la Muerte（カミーノ・デ・ラ・ムエルテ）、死の道、と呼ばれている、世界で最も危険な道のひとつに続いています。……

　その4日前、Oruro（オルロ）から約700km後方のTarija（タリハ）のホテルで読んだ、9月5日付け新聞のトップ記事。【昨日、朝5時10分、バスが崖から300m転落し6名が死亡、重傷者は37名。バスは、コカの生産者の指導者たちを乗せて、ラ・パスで開催されるジュンガス農園主連合理事会会議に出席するためラ・アスンタを出発し、ジュンガスの道を通って首都へ向かっている途中だった。】

……その道を、過去、多くの人が走り、そして多くの人が帰って来ませんでした。私たちは、今日からそこを走ります。転倒

すれば、また起き上がって走ります。崖から転落し、バイクもろとも、身が大破して果てれば、それで潔しとします。公証人と連絡を取り、私の遺言を執行して下さい。……

　私は、アルゼンチンと日本を往復して、アルツハイマー型認知症を病んだ母を介護する生活に疲れていました。
　1人暮らしの母の異変に気づいたのは2年前。1週間の予定で一時帰国していた私は、母が便器の外に用を足すのを、開け放たれたトイレのドアから目撃しました。アルゼンチンに一旦戻り、仕事の段取りを付けてから、10日後に再び日本へ帰国して、脳神経外科医2人の意見を参考にした上で、急遽、母を介護施設に入居させたのです。以後、40〜50日ごとに帰国して、母を介護施設に見舞う傍ら、無人となった母の家で、母がそこで50年間暮らしていた間に、際限なく溜め込んだ〝物〟と格闘しました。そうして処分した〝物〟は、4トン積みトラックに3台分もありました。その上、シロアリ駆除、屋根のペンキ塗り、剝がれたモルタル壁の張替え工事……古い木造家屋の修繕は、やり始めるときりがなく、一方で、隣家とは境界線問題が発生していたことも知りました。法務局や建築局へ行き、調べ、資料を取り揃え、弁護士に渡して隣家との交渉を依頼しました。

……母と母の家の管理にも疲れました。今後の自分の生活にもあまり自信が持てなくなりました。それで、またアンデス山脈へ来ました。アンデス山脈の、深い青い空の下を走っていると、魂を吸い取られそうな気がします。一瞬のうちに、天に吸い込まれて、そのまま消えていなくなってしまえそうです。でも、そういうことは、多分、恐らく、起こらないのです。結

局、毎晩、地図を広げ、明日はどこまで走れるか、を検討します。そして、翌日、サバイバルを賭けて、その距離をひた走りに走ります。煩雑なことを考える余地は、ここではありません。……

　アンデス山脈を1,000ｍ登るごとに、気温は約6度下がります。平地では30度あった気温が、4,500ｍ地点では3度になります。従って、気温が下がるにつれて装備を厚くしていきます。道が凍っている箇所に差しかかれば、氷を割り、剝がし、タイヤが通れるだけの道幅を確保します。山を下れば再び気温が上昇しますので、1枚ずつ脱いでいきます。氷は溶けて川となり、我々の行く手を阻みます。そのときは、川底の石を均して進みます。1日のうち、30度もの気温の変化があるアンデス山脈山中を、障害物を除けながら、じりじりと進んでいくのは、何かの苦行にも似ています。途中、考えていることは、その日の目的地に到達することだけです。そして、到達できたときの感動、大きな充足感。アンデス山脈セラピー、です。

……出発前にご連絡しなかったことをお詫びします。危険な道であることが判っていましたから、敢えて、事前に知らせることをしませんでした。ご心配をおかけしたくなかったので。では、行きます。お元気で。……

　夜が明けるのを待ち、つむじ風が巻き上がる埃っぽい鉱山の町、オルロを後にしました。
　広大な乾いた台地状のアンデス高原を、ボリヴィア国道1号線に沿って、北西 La Paz（ラ・パス）方向に85ｋｍ走り、ジュンガスの道への入り口、Konani（コナニ）に到着しました。

これから走るはるか北の空には、灰色のカナトコ雲が見えていました。砂漠にも等しい、アンデス山脈高原台地（平均標高3,600m）とは違って、ジュンガス地方は樹木が密集している、高温多雨地域です。バイクで走るには乾季、それも真冬が最適ですが、今回、我々の出発が遅れました（冬も終わろうとしている今、早くも雨季が近づいているのかもしれない……）。豪雨を予想させるカナトコ雲に、私は少し怯みました。

＃ 第1部

ブエノス・アイレス～フエゴ島
Buenos Aires ～ Tierra del Fuego

●2005年1月14日
ブエノス・アイレス（アルゼンチン）

　真夏。同じく夜明け前。
　裁判所地区にある駐車場を出て、コリエンテス大通りを300m走り、7月9日大通りの交差点で長い信号待ちをしながら、Buenos Aires（ブエノス・アイレス）市の象徴、高さ67.5mのオベリスクを見上げました。外国から戻って来て、飛行機の窓からオベリスクを眼下に見ると、ブエノス・アイレスに帰って来た喜びと実感が湧きます。ですが、今日は出発です。オベリスクを起点として、これから3,000km南にある、地球最南端の都市、Ushuaia（ウスアイア）へ向かうのです。初めてのバイク旅行への期待。そして不安。街路には、紫がかった濃い桃色の、パーロ・ボラッチョの花（コリシアの花、徳利木綿の花）が咲き始めていました。

……1988年10月、人生の巻き直しを図って、アルゼンチンに移住しました。
　スペイン語は話せませんでした。
　当座、ブエノス・アイレス市中心部のホテルに住み、アルゼンチンの邦字新聞に掲載された人材募集広告【求む、秘書、2か国語を話す女性】というのを見て応募しました。
　2か国語とは、当然、スペイン語と日本語、という意味でしたでしょう。
　私の場合は、日本語と英語、そして、スペイン語はこれから

覚えます、という条件でしたが、それでも採用となりました。

　日系の船会社代理店でした。秘書の仕事をしながら貿易事務を学び、1年後に転職。

　日本の総合商社のアルゼンチン支店で、営業アシスタントとなりました。

　その出勤の1日目、1990年12月3日。"宜しくお願いします"と、自分に与えられたデスクに座った途端、支店長席の電話が鋭く鳴りました。日本大使館からの緊急連絡。クーデター発生？　国防省は反乱軍が占拠？　とにかく、社員は全員退避！

　でも、どっちの方向に逃げればよいの？　支店から大統領官邸までは、たったの数百mでした。銃撃戦が、大統領官邸付近で起こっているなら、反対方向に逃げるべきか、でもその反対方向には、国会議事堂がありました。つまり、支店は、東に大統領官邸、西に国会議事堂を臨んだ中間点に位置していたのです。私は北に向かって逃げました。1987年から4回にわたって蜂起した、カラピンターダス（顔を迷彩色に塗った戦闘状態にある兵士たち）の最後のクーデター未遂事件でした。死者13名（一部の報道では15名）のうち、民間人の死亡3名が痛ましく報道されました。……

　長距離運行のトラックが多い、国道3号線を250 kmほど走った辺りから、黒雲が空を覆い始め、遠くに稲妻が光るたびに、タンデムで使用しているインターコムに、鋭く雷鳴の雑音が響くようになりました。ヘルメットに装着したアンテナに雷が落ちるのではないか、という心配が湧き起こりましたが、そのまま走り続けました。旅の初日の今日、ブエノス・アイレス州が尽きて、リオ・ネグロ州が始まる、Viedma（ヴィエドマ）までの1,000 kmを走る予定だったからです。雷雨になる前の、

重く、暑く蒸された空気の中を、さらに50km走り、Azul（アスール）の町に差しかかった途端、轟然と降りだしました。国道沿いのガソリン・スタンド兼レストランの駐車場は、すでに雨宿りの車と客であふれていましたが、何とか屋根の下にバイクを突っ込めました。エスプレッソ・コーヒーを飲みながら、雨が小降りになるのを待ちましたが、30分、1時間……止みません（初日から、豪雨に見舞われるとは、何と幸先のよいこと……）。それでも南の空の方角は、多少、明るくなってきているようでした。出発することにしました。子供連れの家族が、あきれた顔で見送っているのを尻目に、悠然と防水性のウィンド・ブレーカーを装着しました。何やら、優越感のようなものすら感じていました。むせかえるような暑さだったのが、気温が下がり、大気はひんやりしています。

　雨を含んだ、土と草の匂いがしました。子供のころに、土にじょうろで水をかけて、泥をこね回して遊んだときの匂い、あるいは、野原の雑草をむしりとって、試しに嚙んでみたときに、立ち上がった青くさい匂い、それらが交じり合った、ひどく懐かしい匂いでした。

　ここから、Tres Arroyos（トレス・アッロージョス）までの200kmは、ブエノス・アイレス州の中でも、特に肥沃な穀物地帯のひとつです。ヒマワリ畑が延々と続きます。ヒマワリは、国道の両側の路肩にまであふれて出て、自生して、黄色い花弁に取り巻かれた大きな黒い頭を風に揺らしながら、ささやきあい、雨の中を走っていく我々のことを噂しあっているかのようでした。

　……私が移住した年は、マルヴィナス戦争（フォークランド戦争）から6年目、または、市民急進連合党（UCR）のアルフォ

ンシン大統領の任期5年目でした。前政権がその軍事独裁体制下で犯した、人権じゅうりんの罪を裁こうとしたアルフォンシン政権は、絶えず、軍隊のセクター、特に、カラピンターダスと命名された、若い士官たちの不満と叛乱に脅かされていました。1987年4月、1988年12月、1989年の1月、に起きたカラピンターダスの蜂起。度重なるクーデター未遂。政情不安は経済破綻を招き、1989年、2月のインフレ率は9.6％であったのが、5月は78.4％、7月には197％、そして、ついに、その年の累積インフレ率は、4,923％という、大変な数字となって表れました。

　そのハイパー・インフレーションの最中の5月14日に大統領選挙が行われ、アルフォンシン大統領は任期を7か月残したまま辞任。そして、迎えた7月9日、アルゼンチンの独立記念日に、新大統領が就任したのです。

　【これからアルゼンチンは超低空飛行に入る。我々の乗っている飛行機に、落下傘の用意はない。】メネム大統領のスピーチが、心に強く共鳴しました。

　スーツ・ケースひとつだけを持って移住した私にも、落下傘はありませんでした。……

　国道3号線は、トレス・アッロージョスを過ぎると、西に向かいます。

　約115km走ると、大西洋岸の避暑地、Monte Hermoso（モンテ・エルモーソ）へ入る道が左手に見えてきます。海岸に出るまでは27km。小さな町です。ここの海岸は、海岸線が真っ直ぐ東西に延びています。従って、朝、海から昇った太陽が、夕方、また海に没します。当たり前のことなのですが、アルゼンチンの海岸線は、そのほとんどが南北に延びていますので、海

から昇った太陽は、大陸側へ、つまり、街中へ没してしまうのです。日の出の感動と、日没の感傷、2つとも味わえる、モンテ・エルモーソが好きです。が、今回は寄り道をせず、さらに西へ30分、北西から吹き付けてくる強風に耐えて走ると、石油化学工業の都市、Bahía Blanca（バイア・ブランカ）が見えてきます。人口30万。ブエノス・アイレス州第4のこの都市の、中心部に入り交通渋滞にかかることを避けて、町を大きく迂回して走りました。そこから先を、真っ直ぐ南に250km走り、リオ・ネグロ川を渡ると……ヴィエドマです。1,000kmを走り通したときは20時30分、日没までには、まだ15分を残していました。

……日本商社に入って、最初の6か月間は、穀物担当の営業アシスタントをしました。

　値動きが激しい時期には、シカゴと日本とアルゼンチンの相場を睨みながら、会社に泊り込んで、過酷な24時間勤務を続ける穀物担当に替わって、アルゼンチン産のガーリックやピーナッツなどの農産物を、ロッテルダムの相場と比較しながら、シンガポールなどに輸出し、スリランカ産のナツメグや肉桂（シナモン）などのスパイスをアルゼンチンに輸入していました。当時、アルゼンチンの通貨は、Austral（アウストラル）という単位で、入社当時、1990年12月の対米ドル為替レートは、1ドル＝5,100アウストラルでした。それが、年が明けた1月には、1ドル＝6,600アウストラルとなっていました。現地採用者の月給は、現地通貨で支払われましたから、たった1か月で、私の給料は対米ドル価に換算すると、約30％も目減りしていました。ハイパー・インフレーションは、国民に通貨不信を与え、給料をもらうと、皆、すぐ米ドルを購入しました。

あるいは、スーパー・マーケットへ走って、物品を買い貯めました。そのスーパー・マーケットでは、午前中と午後の2回、品物の値段を付け替えていました。そして、迎えた1月26日、入社して2回目の給料日。前月と同様、総務担当から小切手をもらいましたが、小切手には支店長の署名がありません。支店長は、小切手に署名し忘れたまま、夏季休暇を取って、南のパタゴニア地方へ遊びにいってしまわれたのです。インフレは、支店長が涼しいパタゴニア地方で、休暇をエンジョイされているうちにもどんどん進み、1週間後、休暇を終えて出社された支店長に、ようやく署名して頂いた小切手を握って、銀行に駆け込み換金できたときには、1ドル＝9,400アウストラルになってしまっていました。入社して、2か月で50％の減給となってしまったようなものでした。……

● 2005年1月15日

旅の2日目。

早立ちする我々のために、ホテルが特別に用意してくれた、ごく簡素な朝食。

クラッカーと、濃く出したコーヒー、それに温めた少量のミルクをしたためて、6時。日の出とともに、国道3号線に走り出て、再び、西に向かいました。

今日から走る道は、もう、パタゴニアの道です。リオ・ネグロ州を縦断し、チュブット州にある石油の町、Comodoro Rivadavia（コモドーロ・リヴァダヴィア）までの895km。それが、今日1日に走る距離です。

ヴィエドマを離れて50kmも走ると、パタゴニア地方特有の、灌木の茂みが延々と続きます。国道3号線は、この辺りから、真西に向かって一直線に延びており、カーブがまったくない単調な道を、はるかな地平線に向かって走るのです。昨日と同様、大陸の北西から大西洋側に絶えず強風が吹きつけてきます。風は時折、小さなつむじ風を巻き起こして国道を横切り、我々は、ときとしてそのつむじ風の中に入り、つむじ風を割って進みました。

　そうして約130kmを走ると、左手に、San Antonio Oeste（サン・アントニオ・オエステ）の町に入る道が見えます。ここには、『星の王子さま』の作者であるフランス人作家、サン＝テグジュペリの名前に因んだ飛行場があります。飛行士としてのサン＝テグジュペリは、1929年10月20日、バイア・ブランカを飛び立ち、サン・アントニオ・オエステとトレレウを中継地として、コモドーロ・リヴァダヴィアまで、約6時間をかけて初飛行を行い、アエロポスタという郵便用航空路を開きました。その飛行の平均時速は158km。これに対して、我々のバイク、ホンダのトランザルプ'98年型600ccは、2人の人間の重みと、テント、寝袋、予備のガソリン入りタンクまでくくりつけた荷物の重さに耐えつつ、時折、横腹に突風を受けて車体を揺さぶられながら、時速120kmで走るのが精一杯でした。

……3月になり、自動車担当の営業が遅い夏季休暇に出て、その休暇中に心臓発作を起こして還らぬ人となりました。4月に入ると、通貨アウストラルの兌換性が、法律で1ドル＝10,000アウストラルに固定されました。5月には、高円宮殿下が妃殿下を伴われてアルゼンチンをご訪問され、私は日亜協会会長の指名を受けて、通訳を務めることになり、支店長に断って、

1日、会社を休みました。ほどなく、営業アシスタントを解除され、化学品商いの専任として、独立した課を持たされるようになりました。何か、新しい商売を生み出さねばならない。そこで注目したのが、酒石酸。アルゼンチンのアンデス山脈の麓は、世界でも有数な葡萄とワインの産地です。酒石酸は、ワインを製造する過程で出来る天然の食品添加物で、清涼飲料水などの酸味料として使用されます。これを日本向けに出せないか。これが当たりました。日本向けのみならず、韓国、中国向けにも大きく荷が動き、天候不順で葡萄の生産高が落ち込んだ、オーストラリアの酒石酸メーカー向けにも輸出してしまったのです。

　南米最高峰のアコンカグア山中に源を発しているのがメンドーサ川。その川の下流に工場を持つアルゼンチンの酒石酸メーカーは、夏場は、そのメンドーサ川に沿って走っている国道7号線を、上流方向へトラックで登ってアンデス山脈を越え、チリの太平洋岸へ出てヴァルパライソ港から船積みをしました。しかし、冬場は、このアンデス山脈越えのルートは、国境付近の豪雪で閉鎖される日が多く、そうなると、トラックは1,000km東へ走ってブエノス・アイレス港から船積みせねばなりませんでした。当然、陸送運賃が高くつき、酒石酸のF.O.B.価格（貨物を、船積みして船の甲板で渡す価格）の国際競争力を失わせましたから、冬に入ると、メンドーサ地方の天気予報が気になったものでした。とにかく、ひとつ新しい商いが出来ると弾みがつくのか、次々と新規商いが成約し、私の成約リストは百花繚乱となりました。

　そして、新たに課せられた仕事。それは、農薬商いの開発。農業立国であるアルゼンチンの、巨大な農薬市場への参入でした。……

サン・アントニオ・オエステの町を遠望しながら、40kmほど走ると、国道3号線は真南に方向を変えます。それを約90km南下すると、標高250mほどの灰褐色の山脈が見えてきます。Sierra Grande（シエッラ・グランデ）です。

　1944年に発見された鉄鉱脈は、1969年から本格的な採掘が開始され、長さ96kmという南米最大の坑道となりました。しかし、1991年、メネム政権の新経済政策により開発は中止。坑道は閉鎖されたため、町は半ばゴースト・タウン化しました。が、採掘跡の長大な洞穴を観光用に利用できないか、町の生き残りを賭けて開発し売り出したのが、"地底探検"。2003年1月、私はこの地底探検ツアーに参加しました。ヘッド・ライトを付けたヘルメットを被り、採掘用の繋ぎの作業衣を着せられて、坑道の奥深くまで行くのです。参加者の運動神経のレベルに合わせて、地底探検コースは幾つかに分かれており、最難易度コースは、綱を腰に回してぶら下がり、人が1人やっと通れる縦坑道を、下へ下へと降りていくのだとか。勿論、降りた分だけ、這い上がってこなければなりません。また、地底を流れる川を、ゴム・ボートを漕いでいく探検コースもありました。が、いずれも私の体力では無理と判断。結局、私が参加したのは、ただ3km歩くだけのコースでしたが、地下水を踏み、長靴で泥を探り、ガイドの後について歩いた坑道は、結構スリルに満ちていました（余談ですが、その後、2006年に、中国資本によりシエッラ・グランデの鉄採掘計画が復活。2010年12月、最初の54,000トンの濃縮鉄が中国に向けて船積みされたのでした）。

　シエッラ・グランデの町の入り口にある、国道沿いのガソリン・スタンドで給油したついでに、ハムとチーズのサンドイッ

チにコーヒー、という簡単なランチを取り、これもついでだ、とトイレへ行って戻ってきたところを、ふいに、"MIDORI！"という声に呼び止められました。農薬商いで、かつて私のアシスタントであった男性が、驚いた顔で私を見つめていました。

……農薬商いは、穀物商いと同様に、当時は男だけのビジネスの世界でした。

　そこへ、ど素人の女が首を突っ込むには、どうすればよいのか。本社の農薬部隊からは大量に資料が送られてきました。ニューヨークの化学品部隊からも、分厚い農薬辞典が"贈呈"と書かれて、どかんと私のデスクに届きました。中身は亀の甲だらけ。高校時代、さっぱり理解できずに放棄した化学式の羅列。これと取り組まずに済ませる方法はないものか。私は、すでにアルゼンチンで大きく農薬商いを行っていた、日本のある総合商社のアルゼンチン支店の農薬担当に電話をしました。アルゼンチンにおける農薬商いのノウハウを、そっくり教えてもらおうと思ったのです。担当氏が、私の厚顔無恥さに驚きながらも、面談を持つことに応じてくれたのは、多分、私が女だったからでしょう。どんな経緯ではるばるアルゼンチンまでやって来て、農薬を売る使命を帯びるようになったのか、純粋な興味が湧いたからだと思います。とにかく、会ってくれました。そして、私がこれから担いで売らなければならない農薬の名前を確かめた後で、"そうですか。それは大変ですねえ。でも、簡単ではありませんよ"と言いつつも、たっぷり2時間、講義をして下さいました。その講義を受けて私が十二分に理解したことは、これまでの化学品商いのように、商品を右から左に転がすだけでは売れない、ということ。まず、アルゼンチンと日本とでは、農業のやり方からして違うのです。日本では、稲作

する場合、一旦苗床で苗を育て、その苗を田んぼに植えつけていきますが、アルゼンチンではダイレクト・シーディング、つまり苗を作らずに直撒きしてしまいます。また、作付け面積は日本の場合とは比べものにならないほど大きいですから、農薬も勢い小型飛行機で空から散布することになります。従って、日本、もしくはアジアの国で使用されている農薬をそのままアルゼンチンに持ち込むことはできないでしょう。一方で、使用される農薬はアルゼンチン当局に登録が必要です。その手続きは、やはり当局に登録番号を有するアグロノミストが行います。つまり、私では手続きはできないのです。また、私がこれから売ろうとしている農薬は、原体というものです。製剤に加工されていない、有効成分が95％以上という純度の高い薬剤です。ですから、これを製剤に加工する施設を持っている会社に売ることになります。農薬の製剤会社は、製剤を当局に登録する際に、製剤に使用されている原体が、どのようなプロセスで合成されているか、ということまで登録しますから、原体合成に使用されている中間体の種類まで、私は把握していなければ製剤会社と話もできません。私は農薬事典とじっくり向き合う覚悟を決めました。

　約半年間の準備期間を終えた後、私は農薬製剤会社の訪問を開始しました。

　応対してくれるのは、皆、アグロノミストや農学博士の肩書きを持つ人たちでした。

　開口一番、"失礼ですが、あなたはアグロノミストですか"と尋ねられました。それに対する返答は、"いいえ、私はピアノの教師です"。まだ親がかりだったころ、近所の女児たちにピアノを教えていた時期がありましたから嘘ではありません。

この返答は、高飛車な相手の出鼻を挫くことに大いに効果がありました。そうして、一通りのマーケット調査を行った末に、私が"結婚相手"として選んだ会社は、アルゼンチン農業協同組合連合の100％傘下にあった製剤会社で、そこにサンプルを提出しました。検査の結果、品質は合格。そして、いよいよ登録の準備に入ったのです。登録手続きの順調な進捗のために、当局に照会してもらったアグロノミストを雇用しました。メーカーから送られてきた登録用のデータと書類は完璧な内容でしたので、登録作業は半年ほどで無事完了。そして、いよいよ、購買課長にオファーを投げつけました。その後は3日にあげず電話攻勢。購買課長は、"君と話すには赤ワインをボトル3本くらい空けた後でなければできない"と文句を言いつつ、とうとう1コンテナ18トン、10万ドルのオーダー・シートをくれました。そして、その翌年には、10コンテナ100万ドルのオーダー・シートをくれたのです。その後すぐ、私に農薬商い専門のアシスタントが1人付きました。……

　呼び止められた途端、アイルランド系のかつての私のアシスタントが、チュブット州出身であることを思い出しました。案の定、夏季休暇を利用して妻子と郷里へ帰る途中でした。

　お互いに先を急いでいましたから、後日、連絡を取り合うことを固く約束して別れました。シエッラ・グランデを出発して40kmほど走り、チュブット州との州境に近づいていたときでした。バイクが突然、エンストを起こしました。エンジン点火スイッチを押しても、カラカラとむなしい音をたてるだけ。東西南北を見回せば、これも地平線が見えるだけ。

　荒野のど真ん中でした。バイクが壊れたのであれば、修理に持ちこめそうな場所は、100km前方のPuerto Madryn（プエル

ト・マドリン）以外になさそうです。が、そこまで持っていくにはクレーン車を要請しなければならず、クレーン車は、私がヒッチハイクでもしてマドリン港まで行かないことには雇うことはできないでしょう。旅の2日目で早くも挫折するのか、という焦燥にとらわれたとき、日陰ひとつない国道脇の、真夏の猛烈な陽射しが耐え難い暑さとなって襲ってきて、私はツーリング・ジャケットを脱ぎました。相棒のホセとしても、16歳から2〜3年、小型バイクで町を走っていた、というだけのバイク歴。どこがどう故障したのかよく判らないまま、路肩に停めたバイクのシートをはずし、プラスティック・フェンスをはずし、闇雲にバイクを解体し始め、これが、なおさら私の焦燥を煽っていました。と、外国ナンバーのヤマハのスーパー・テネレが1台、猛スピードで走り過ぎていきました。2秒して、また1台のスーパー・テネレ、これも走り去ってしまいました。そして、また2秒して、もう1台、しかし、これも停まってはくれません。5秒ほどして、最後に走ってきた1台が、はるか向こうでUターンして戻って来てくれました。すると、先に走り去っていった3台のバイクも、次々に戻ってきました。ブラジルのサン・パウロから、4台のスーパー・テネレを駆って来た4人のライダーたちは、我々と同様にウスアイアを目指していました。最初にUターンしてくれた1人が、物慣れた手つきで我々のバイクを点検し始めました。そして、どこにも故障が見当たらないと判断すると、ガソリン・ホースをタンクから直接キャブレターに接続し、やおら点火スイッチを押すと……ブルルーンとエンジンがかかる快い音が響きました。キャブレターに流れるガソリンの分量を調節する弁が壊れ、それでガソリンがキャブレターに流れなくなり、エンジンはストップしてしまったのでした。

第Ⅰ部　ブエノス・アイレス〜フエゴ島　25

ブラジル・ライダー
たちと記念撮影。

　バイクの旅は道連れ。常に体を危険にさらして走っている旅だから、故障を起こして困っているライダーがあれば、必ず止まって手を貸してあげる。明日助けられるのは自分かもしれないから。旅をするライダーたちの結束。その不文律は生きていました。戻って来てくれたブラジル・ライダーたちに心から感謝しつつ、エンジン復旧の記念撮影。そして彼らは走り去り、ホセは分解したバイクの部品を組み立てて、我々が再び国道に走り出したのは、すでに午後4時半を回っていました。大幅遅れ。今日の目的地のコモドーロ・リヴァダヴィアまでは、まだ500km以上もありました。

　チュブット州へ入り70km走ると、ヴァルデス半島へ至る道が見えてきます。ヴァルデス半島には、冬になると、約4,000頭の南セミクジラが回遊してきます。

　明け方、日の出前のマドリン港の埠頭へ行くのです。すると、まだ覚めやらぬ町のビルの灯りを背景にして、クジラたちが、海中から頭を突き出し、尻尾を空に跳ね上げ、上になり下になり絡み合って睦みます。このクジラのショーは、ほんの30分ほど。太陽が昇り、町に人の活気が生まれるころには、クジラたちはずっと沖へ行ってしまいます。あるいは、午後、

マドリン港からGolfo Nuevo（ゴルフォ・ヌエーヴォ）の海岸線に沿って延びている未舗装道路を走り、そして、小高い岩に登るのです。すると、沿岸を赤ちゃんクジラが泳ぎの練習をしているのが望めます。親クジラは赤ちゃんクジラより身ひとつ分だけ沖側を泳いで波を防ぎ、赤ちゃんクジラは岸側の浅瀬をゆるゆると泳いでいくのですが、それはそれは微笑ましい光景です。今は夏ですから、クジラはいません。アザラシの生まれたばかりの赤ちゃんたちが、そのピンク色の体を岩陰に隠して息づいているころでしょう。

　ヴァルデス半島の横を走り過ぎると、大地には灌木すらまばらとなり、灰色に近い単調な色彩の風景が続きます。その分、空はますます青みを増して、ときとして黒く見えるほどに濃くなり、そして一片の雲もありません。その砂漠のような風景を突き破って現れるのが、Trelew（トレレウ）です。マドリン港からは70km。イギリスのウェールズ地方の入植者たちが開拓した町で、アルゼンチンの羊毛の95％がここで生産されており、マドリン港から輸出されます。トレレウから西に約20km走るとGaiman（ガイマン）という小さな町に着きます。ここもウェールズからの移民者たちの町で、コーヒー・ハウスの替わりにティー・ハウスが何軒もあり、観光客はここで、ウェールズ式の"午後のお茶"（サンドイッチと何種類ものケーキ類、トースト・パンにバターと自家製のジャム、そして大きなティー・ポットで何回でも供される紅茶）を楽しむことができます。また、トレレウから東へ約20km走れば、Playa Unión（プラージャ・ウニオン）というビーチに出ます。ビーチは、しかし、波が高く、水は冷たく、砂浜の砂は黒く粗く、決して海水浴には適しているとは思えません。それもそのはず、ここのビーチの売り物は、サーフィンとバンドウイルカ・ウォッチ

ングなのです。

　国道3号線に沿ってトレレウから55km走ると、左手にPunta Tombo（プンタ・トンボ）へ行く道が見えてきます。プンタ・トンボにはマゼランペンギンの一大棲息地があります。彼らは、9月、春の到来とともにやって来て繁殖します。その数50万羽。ものすごい数です。愛らしい体を左右に振りながら、州道にもよちよち歩いて出てきます。その州道には、グアナコ（リャマに似た野生動物）ものんびり歩いています。ペンギンは氷の海に住んでいるものと思っていましたが、ここプンタ・トンボでは、乾いた大地の灌木の茂みで卵を育み、グアナコと共存していました。餌を求めて断崖から、数百羽単位のペンギンが、次々に海中にダイビングする光景は見事です。そして3月、泳げるようになった子供たちを連れて、ペンギンたちはブラジルの南の海域へ行ってしまいます。

　風は、この辺りになると大陸側真西から吹いていました。

　2車線道路の東側を走り、対向車とすれ違うとき、それがタンク・トレーラーのように重量があり大きな車両であった場合、対向車がもたらす風の乱れの影響を受けて、バイクは激しく車体が揺れました。ですから、はるか前方にタンク・トレーラーを認めると、私は頭を低くしてホセの背中の後ろにすっぽりと体を隠し、すれ違うときに受ける風の抵抗を少しでも小さくしようと努めました。そしてタンク・トレーラーは頻繁に走ってきました。300km前方にあるコモドーロ・リヴァダヴィアは石油採掘の町だからです。その石油の町を目指して、日没が迫る国道3号線をひた走りに走る我々に対して、すれ違う対向車はクラクションを鳴らしてエールを送ってくれました。パッパッパパ、パッパッパパ、パッパッパパ。私はそのつど、右手を少しだけホセの背中の後ろから出しては、挨拶を返しま

した。

　21時。目的地まではまだ200kmを残していたとき、太陽は地平線に沈み始めました。

　これだけ遅くなってしまえば、さらに5分遅くなったとしても到着時間には大差はありません。バイクを降りて、地平線に半分まで没した黄金色の夕日を背景に記念撮影。15km前方のGarayalde（ガラジャルデ）集落にあるガソリン・スタンドで最後の給油をして、再び出発。夕闇に目が慣れるまで、ホセは時速を80kmに抑えています。一方で、走ってきた国道脇には、グアナコが跳びはねている姿を象（かたど）った道路標識がありました。グアナコの飛び出し注意、ということなのです。あんな大きな動物と高速でぶつかったらバイクは大破、私の体も20mほど空中を飛ぶでしょう。たとえ闇に目が慣れたとしても、減速したまま走った方が無難に思えました。ところで、小一時間走ったころから、私は寒さを感じ始めていました。考えてみれば、ブエノス・アイレスを出発したときと同じ装備で走っているのです。しかし、緯度にしてすでに10度以上は南下してきているのですから、その分だけ確実に寒い地方を今走っているはずなのです。ですが、国道には狭い路肩しかなく、うっかりそこへバイクを停めれば、黒色のバイクは夜の闇に紛れてしまって後ろから来たトラックに追突されかねません。ここはホセが寒いと言い出すまで、我慢することにしました。そしてさらに30分。"MIDORI、寒くないかい？"万歳！　ようやくホセが音を上げた。それで路肩にバイクを停めて、ガチガチ歯を鳴らしながら、懐中電灯の灯りを頼りにサイド・ケースを開けて、インナー・ジャケットを取り出し、ツーリング・ジャケットに装着しました。これでよし！

　午前0時30分。ついに南緯45度52分に位置するコモドー

ロ・リヴァダヴィアに到着。最初に目に入ったホテルに、料金も尋ねずチェック・インしました。

……1992年1月1日、通貨が替わりました。

　10,000アウストラル＝1ドル＝1ペソに制定された、アルゼンチン・ペソが流通するようになったのです。その年のインフレ率は17.5％に抑えられ、1993年には7.4％、1994年は3.9％、1995年1.6％、そして1996年の春、ついに月間インフレ率が0％となっていたとき、私に、またもや新たな仕事が与えられました。産業機械の融資付き販売の開拓でした。電子メイルが普及してきているなかで、英語さえできれば誰もが世界中のバイヤーと、あるいはサプライヤーと簡単に交信できるようになった、商社のテレックス交信によってもたらされる情報が有難がられた時代は終わったのだ、このままでは商社は生き残れない、しっかりリスク・マネージメントをして融資付きで販売せよ、というのが本社のお偉方たちの考えでした。それでまず、販売担当はニューヨーク店でリスク・マネージメントのトレーニングを受けることになったのです。

　私はニューヨークへ行かされました。……

　コモドーロ・リヴァダヴィアの町は、Cerro el Chenque（セッロ・エル・チェンケ）という名の、海岸の砂をいい加減に捏ねて盛り上げて作ったような、標高212mの黄土色の丘の麓に発達しています。砂と石灰と貝類の化石の塊で出来た丘は、登ると滑りやすく、実際に、大雨が降ればすぐ地すべりを起こします。

　"石油の首都"と称され、石油を産するこの町は、別名"風の首都"とも呼ばれています。町の中心部から北西に17km。

海岸の砂をいい加減に捏ねて盛り上げて作ったような丘、セッロ・エル・チェンケ。

標高400mの砂地の丘の上に、"アントニオ・モラン風力発電公園"なるものが設置されたのは1994年1月でした。"公園"には、現在までに26基の風車が"植えられ"、平均風速時速100kmの風を有効利用した、南米大陸最大の風力発電所となっています。

● 2005年1月16日

旅の3日目です。

コモドーロ・リヴァダヴィアから22km走ると、Santa Cruz（サンタ・クルス）州に入ります。ここからCaleta Olivia（カレータ・オリヴィア）までの56kmを、国道3号線は大西洋の海岸線にぴったりと沿って走っています。

輝くばかりに群青色に晴れ上がった空。その空の色を映している群青色の海。その海上に、数個の竜巻が同時に発生して、海水を高く巻き上げながら、沖へ沖へと進んでいきました。

カレータ・オリヴィアからは、次第に海岸から離れていきます。そして86km、国道281号線が南東に向けて走っているのが目に入ります。その国道281号線を辿ると、Puerto Deseado（プエルト・デセアード）に着きます。パタゴニア地方有数の漁港です。Muelle Japonés（ムエジェ・ハポネス、日本埠頭）と呼ばれている桟橋には、日本の国旗を掲げた漁船群、この海域で捕れるイカ・エビを冷凍して日本へ運搬する船が何艘も碇泊しています。日本埠頭は、1990年、日本の建設会社により完成された桟橋ですが、その建設資材はすべて日本から運ばれました。そのための傭船契約を、当時、私が勤務していた日系の船会社代理店が請け負ったのです。パソコンがまだなかった時代でしたから、日本語によるファックス通信は私が手書きで行いました。イギリス系の支配人が英語によるテレックス通信で契約条件を詰めました。そして契約成立。めでたく完成した日本埠頭の落成式には社長と支配人だけが出席し、私は招待されませんでしたが。その後、自前で訪れたプエルト・デセアードのレストランで、大きなエビのグリルを食べるのを楽しみにしていたのです。が、捕獲したエビの全量が輸出に回されてしまうため、地元ではエビは食べられないという情報にがっかりしました。エビの輸出価格が高いので、わざわざ安い値段で地元のレストランに卸すことをしないのです。エビがだめならパタゴニアの子羊のグリルを、と思いましたが、これもだめ。羊も、輸出用として高く売れるので、自家用に食べる分だけ残し、観光客用には出さないのです。国道281号線沿いの、放牧地の壊れた囲いの柵の間からは、時々羊が国道に迷い出てきます。1頭迷い出ると、ぞろぞろ列をなして国道へあふれ出てきてしまいます。それらを撥ね飛ばさないように走るのは、なかなかの技術と忍耐を要します。が、そのうちのごく小さな1頭

を撥ね飛ばし、その死体を拾ってホテルへ持ち込み、レストランで焼いてもらって食べればよかった、と思ったほど、そのときは羊が食べたくなりました。

　デセアード港は、河口幅7kmのデセアード川に面しています。その川は、大西洋の潮が約40kmも上流まで流れ込んでいるという、南米で唯一の不思議な地形をした川です。その川を遊覧船で遡ると、両岸には潮で浸食され切り立った岩の渓谷がそびえ立ち、その渓谷の岸壁に空いた無数の洞穴には、これも無数の鵜が棲息しています。真夏の暑い陽射しの下、青みがかった濃緑色のクリスタルのように透き通った川の水面に魅せられて、ズボンとシャツを脱いで、どぼんと飛び込んだ途端、後悔しました。船上の気温は30度以上あっても、水は大西洋の海水が入り込んでいるため、身を切られるように冷たかったからです。

　デセアード港の真横、直線距離にして約100km地点を走りながら、そんなことを思い出していました。

　午後になると、北西の空から薄茶色の雲のようなものが広がり、我々の後を追いかけるようにして南に向かって進んでくるのが見えました。やがて、雲は我々に追いつき、辺りの風景がセピア色一色に染まったとき、我々はすっぽり砂嵐の中に入ってしまったことに気がつきました。

　風はいよいよ激しく吹き荒れ、バイクは風の吹いてくる方向に対し車体を30度傾けたまま進むようになりました。そしてトラックやタンク・トレーラーとすれ違うときだけ、対向車の車体が風除けとなるために、バイクは傾けていた車体を起こします。が、対向車が走り過ぎた途端、急激にまた車体を30度傾けるのです。このギャップに対応するためには、我々もバイクの上で体の重心を細かく移し変えねばなりませんでした。恐

ろしいのは、すれ違いざまに対向車が巻き起こす風の渦のために、バイクの後輪部が激しく揺さぶられることです。渦に巻き込まれれば転倒するかもしれません。ですから対向車があるたびに身を固く構え、万一の転倒に備えました。

　そうやって時速70kmで30分ほど走ったとき、我々の走っている車線の前方に、トラックが転覆しているのが見えました。強風に煽られて転覆したものと思われます。たった今、起きた事故のようでしたが、人影は見当たらず、一方で、停車するために速度を落としたらバランスを失って転倒しそうなほど凄まじい風が吹いていました。我々の後から走ってくるトラックが止まって救助活動をすることを期待して、そのまま走り続けました。そしてバック・ミラーに映して見ると、後続のトラックも止まらずに我々の後にぴったりついて走っています。仕方がないことなのだ、大自然の脅威を前にして、誰もが自分の生存を賭けて走っているのだから。心の中で苦しい弁解をしていました。

　午後4時。出発から406kmを走って、国道3号線を降り、Puerto San Julián（プエルト・サン・フリアン）の町へ入る長い通りを走りました。人気がまったくない道。砂嵐が吹き荒れる中で、住民は皆、家に閉じこもって息を殺し、窓のカーテンの後ろから我々の到着をこっそり窺っているかのようでした。海岸から100mのところに小さなホテルを見つけ、バイクを青天井の駐車場に入れました。しかし、ホテルのロビーは停電中。時速170kmの突風で送電塔がなぎ倒され、サン・フリアン一帯が大停電の最中だったのです。

……産業機械本部から山のようなカタログが送られてきました。

その中で本社の担当が特に注力していたのは、プラスティック射出成型機の促進販売でした。プラスティックの使用量は紙の使用量と同様に、その国の文明度のバロメーターである、とも言われています。最近では、地球規模の環境保全の目的から、できるだけプラスティック廃棄物を出さない工夫が行われていますが、それでもプラスティック製品は現代生活の必需品です。家庭雑貨は言うに及ばず、テレビ、エアコン、冷蔵庫などの家電製品に至っては、プラスティックを使用していない製品はありません。車も然り、バンパー、内装パネル、ギア・ボックスなどたくさんの部分にプラスティックが使用されています。プラスティックを使用した製品は、様々な形と大きさをしており、それらの形を成型するのが、プラスティック射出成型機です。Plastic Injection Molding Machine と英語では言います。つまり、プラスティック原料を金型の中に射出して注入し、金型を締め付けて成型して製品を作る機械です。機械の大きさは、金型を締め付ける圧力の強さ、Clamping Force をメトリック・トンで表します。射出成型するプラスティック製品が大きければ大きいほど、強い圧力の機械を必要とします。そのプラスティック射出成型機を、アルゼンチンで売れ、というのが私に与えられた指示でした。

　アルゼンチンの景気には、歴史的に約10年周期で山と谷がある、と言われています。

　私がこの指示を受けた当時は、年5,000％のハイパー・インフレを収束させたメネム大統領の就任時期、1989年7月を谷底とすれば、景気の山の登り坂7合目辺りに差しかかった時期ではなかったでしょうか。

　1994年5月には、トヨタ・アルゼンチンがブエノス・アイレス市郊外の北約90kmのところにある広大な敷地に生産ライン

を設置し終え、世界戦略車IMVの生産計画を推し進めていました。アルゼンチンのデトロイトと呼ばれているコルドバ州では、フィアットがPALIOの生産を、ルノーはMEGANEの生産を計画していました。

　一方、フエゴ島の家電メーカーたちは、1998年にフランスで開催が予定されているサッカーのワールドカップに向けてCTV（カラー・テレビ）の需要が大幅に伸びることを見込んで、その増産計画に躍起となっていました。アルゼンチンでは、ワールドカップが開催される前年からCTVの売り上げが伸びて景気もよくなる、という経済現象が決まって起こるからです。より大きなスクリーンの、より綺麗な画像でサッカーの試合を観戦したい、というサッカー王国の国民ならではの素朴な欲求から、皆こぞってCTVを買い換えるのです。これらの需要に合わせて、Molder（モルダー、プラスティック射出成型をする会社）たちも射出成型機の新規購入を図るはずです。これは、売れる、と確信しました。……

　1519年8月10日、ポルトガル人、フェルディナンド・マゼランに率いられ、世界一周を目指してセヴィーリアを出航した5隻のスペイン帆船がサン・フリアンの入り江に到着したのは、1520年3月31日のことでした。

　暖かいブラジルのリオ・デ・ジャネイロに寄航した後で、ここまで南下してきた乗組員たちにとって、この辺り一帯に吹き荒れる冷たい強風は、さぞかし身に堪えたことでしょう。また、まだ見ぬ先の海域の、風と波の激しさを想像して恐れをなしたかもしれません。到着の翌日、彼らはさらに航行することを拒否して叛乱を起こします。マゼランは厳しくこれを鎮圧しますが、季節はすでに秋でした。入り江は、約20kmほど大陸

に沿って岬が長く突き出しており、大西洋の高波を防ぐには都合がよさそうです。マゼランはここで越冬することにしました。

　先住民Aonikenk（アオニケンク）族にとっては、これが最初の白人たちとの接触でした。マゼランの乗組員たちは、彼らにPatagónes（パタゴーネス）と命名したのです。pataとは足、gónとは大きいという意味を表す接尾語。つまり、大きい足の人たち。厳しい寒さから身を守るために、アオニケンク族の人たちは、足にグアナコの毛皮を巻きつけていたので、巨大な足をした人種だ、と思ったのかどうか。いずれにせよ、これが、パタゴニアという地名の起源となったという説があります。

　8月、冬はまだ終わっていませんでしたが、マゼランは出航を命じ、さらに南の海域へと分け入っていきます。10月21日、マゼラン海峡を発見。それを辿って、ついに太平洋へと出るのです。その後、フィリピンまで行ったとき、マゼランはそこで原住民と闘って戦死しますが、残りの隊員たちで旅は続けられ、1522年9月8日、世界一周の旅を達成し、セヴィーリアに帰還できたのはたった1隻、ヴィクトリア号に乗った18人だけでした。

　そのヴィクトリア号85トンの実寸模型が、サン・フリアン港にあるのです。

　水平線からたった今昇ったばかりの金色の陽光を受けて輝くヴィクトリア号の雄姿が、これも金色の波のうねりを背景にして浮かび上がるとき、はるか500年の昔の、世界一周を目指してここまでやってきた探検家たちの、その非常な勇気とあふれんばかりの詩情が再び船上に息づき始め、マゼランが果敢な決断を下して出航を命じている姿まで目に見えるような気がします。海図もなかったその時代、大西洋のはるか南の海域に、海

ヴィクトリア号85トンの実寸模型（2009年2月7日撮影）。

峡があって、それがもうひとつの海に繋がっているはずだ、という想像と仮定のもとに、大西洋をひたすら南下していったマゼラン。南下する途中で、河口の最大幅が219kmもあるラ・プラタ川を海峡かと勘違いし、遡り、やはり川だったと悟って引き返した、とも伝えられています。とにかく、マゼラン海峡が見つかってよかった、これがそのときもし深い霧で包まれていたら、そしてさらに南のドレーク海峡までもし行ってしまっていたとしたら、恐らくはそこで5隻とも沈没して、太平洋という海の発見と命名を、次の探検家に譲っていたかもしれません。

●2005年1月17日

旅の4日目。
サン・フリアン港から40kmほど走ると、西側に広大な盆地が開けてきます。

Gran bajo de San Julián（グラン・バーホ・デ・サン・フリアン）と呼ばれている、南米大陸最大の巨大な陥没地帯です。海抜マイナス50mからマイナス100mの盆地が2,900㎢にわたって広がっており、そこを走るのは苦痛です。障害物がまったくないので、大陸側からの強風は大西洋に向かって一気に吹き抜けていきます。ヘルメットに包んだ頭の右側に強風が当たり、顔が左に向いてしまうのを首の力で戻します。そして耐え難い寒さ。盆地には湖沼が多いので、空気は湿っています。

　湿った寒さというのは、肉にではなく、骨に直接堪えます。体にぴったり合ったツーリング・ジャケットを着ているのですが、手首や首のわずかな隙間から、風と湿気が侵入してしまうと、それがジャケット内の隙間をめぐって体中にまわって体温を奪っていきます。そうなると、下着に貼った日本の使い捨てカイロの熱も役に立ちません。そして、どうにも耐え難いのは手。手袋は革製のツーリング用の手袋の上に防水のスキー用のものを二重にはめていますが、それでも凍えます。

　あまりの寒さに120kmバイクを進めただけで、サンタ・クルス川に面した、Comandante Piedra Buena（コマンダンテ・ピエドラ・ブエナ）に着いたとき、国道から見えた河畔のホテルに、まだ午前中だというのに、早々と投宿してしまいました。

　両手の指先は凍え切って感覚がなくなっていました。洗面所に熱いお湯を溜め、そこに浸して我慢していると、じんじんと感覚が蘇ってきました。昼食のために町へ外出する気も起こらず、ホテルのレストランでランチを摂りました。そのとき、レストランの窓からぼんやり眺めていた、サンタ・クルス川の中州にあるIsla de Pavón（イスラ・デ・パヴォン、パヴォン島）と呼ばれる島が、アルゼンチンで最も風が強い場所として記録されていることを、私はずっと後になってから知りました。

……最初のオーダー・シートは、中型の射出成型機650MTを2台、これはブエノス・アイレスの北西1,130km、サン・フアン州にある工業団地に設置されました。

　乳製品やビールなどを入れるプラスチック・ケースを専門に成型している会社でした。

　2番目のオーダー・シートは、ブエノス・アイレス郊外の北西50kmのモルダーから入手しました。150MTの小型から1200MTの大型まで合わせて6台、という大量注文でした。自動車メーカー向けプラスチック・パーツを成型している会社でした。

　この大量注文により、本社の産業機械部は、この射出成型機のアルゼンチン専属販売代理店権を獲得し、そして私には、また1人、機械商い専任のアシスタントが付きました。

　3番目のオーダー・シートは、当初、ブエノス・アイレスの南60kmにあるラ・プラタ市のモルダーから入手できる予定でした。このモルダーは、トヨタ・アルゼンチンのIMVプロジェクト向けパーツを射出成型する目的で機械の購入を考えていました。それが、突然、フエゴ島向けに計画が変わったのです。

　フエゴ島。

　表面積4万7,992km²の世界で29番目に大きな島。

　西経68度から69度の間で分断され、東側38.57％がアルゼンチン領、西側61.43％がチリ領とされています。アルゼンチン本土からは、リオ・ガジェーゴスの南、約65km地点にある税関で出国手続きをし、マゼラン海峡を艀で渡ります。

　フエゴ島。正式には、Tierra del Fuego, Antártida e Islas del Atlántico Sur（火の陸地、南極大陸と南大西洋の島々）と呼び

ます。

　1972年、アルゼンチン政府は、法令19640号により、フエゴ島を特別税関地区に制定しました。"フエゴ島内で行われる行為、活動、業務によって相応するすべての国内税の支払いを免除する"というものです。何回かの法令改正を経て、2023年12月31日まで、この効果は延長されています。

　一方、ブラジルのマナウスは、1957年に制定された法令3173号により、ここにフリー・ゾーンが設置され、幾度かの法改正がなされた後で、2023年までその税的優遇措置が延長されています。

　そして、1994年12月17日にアルゼンチン・ブラジル両国間で調印された条約により、1995年1月1日以降、フエゴ島とマナウスの租税優遇地区で生産された製品の輸入税は免除されることになりました。フエゴ島とマナウス。いずれも人が住むには厳しい自然環境の真っ只中にあります。政府は、そこへ何とか企業を誘致して産業を興し、少しでも人が住むように図ったのです。

　フエゴ島のRío Grande（リオ・グランデ）とウスアイアにある工業団地では、その租税効果を享受して世界の家電メーカーが軒を並べて生産を競っています。しかし、リオ・グランデの工業団地に関しては、乾燥した気候のため火災が起こりやすく、一旦、火災が起きれば強風に煽られて大火事となり、火災を出した工場は大抵全焼します。類焼もします。この工業団地の発展の歴史は、大火災の歴史でもあるのです。

　私がラ・プラタのモルダー向けに鋭意、売り込んでいた最中、リオ・グランデの工業団地で射出成型をしていたモルダーが火災を起こし、このモルダーが使用していた金型が、アルゼンチン各地のモルダーに分散されて運び込まれたのです。ラ・

プラタのモルダーに持ち込まれたのは、日立のCTV（カラー・テレビ）用の金型でした。火災の原因は不審火、というもっぱらの噂でした。金型は重く、クレーンで吊って射出成型機から取り外しますが、この作業には少なくとも数十分を要します。ですから、火災が発生してから金型を外したとは考えられず、あらかじめ外してほかの場所へ移しておいた、と考えられたからです。火災保険金目当てに自社で火をつけたのではないか、という見方が強かったようです。

　火災の原因はどうであれ、ラ・プラタのモルダーは素早くこの機会を自社発展の好機と捉えました。当座、ラ・プラタ工場の生産ラインの空いている機械で日立向けに射出成型を行いながら、急遽、フエゴ島にも射出成型する工場を建てることを考えたのです。トヨタの小型トラックのプラスチック・パーツ用だった機械の仕様をCTV用に変更しました。これは、日本のメーカーがフエゴ島向けと聞いて、勇んで他国の客先向けに確保してあった機械の生産ラインの枠を外して、この会社向けに優先的に生産してくれました。そして、売買契約ですが、契約書に記載するべきバイヤーの住所は……しかし、フエゴ島の工場は、これから建設する予定で、それもどこに建設するのかまだ決まってもいませんでした。住所がない会社とは売買契約書を交わせません。住所のない会社向けには機械を輸出することはできません。第一、融資のための稟議(りんぎ)を上げても、通るはずもありません。私は途方に暮れました。モルダーの社長と頭をつき合わせてさんざん考えた末、ひらめいたこと。それは、日立向けにCTVの組み立てを行っている会社の工場の建物の中に、このモルダーの新工場を設立することにして、つまり、購入する射出成型機を据え付けることにして、その新工場の法的住所も、日立向けCTV組み立て工場の中に設定させてしま

う、という方法でした。それには、勿論、まず、そのCTV組み立て工場社の了解が必要です。これは、モルダーの社長が交渉してすぐ取り付けました。私の方は、本社の産業機械部の了解を得なければなりません。これも何とか了解が得られました。そして、特注で作られた2台の910MT大型射出成型機は、このモルダーがこれから設立するはずのフエゴ島の新会社（会社名だけは決定していました）を荷受人として、その仮定の法的住所宛に船積みされたのでした。アクロバットのような成約と船積みでした。モルダーの社長は、機械を積んだ船がブエノス・アイレスに到着する前に、CTV組み立て工場の中に、新会社の法的住所を登記し終えて、私と産業機械部の信頼に見事に応えてくれました。そして、それから1年も経たない間に、この社長は、日立向けにCTVの組み立てをしていた工場社の敷地と建物をそっくり購入してしまったのです。

（CTVの組み立てをしていた会社は、古い工場の近くに新工場を設立しました）。

　フエゴ島向けには、ときを移さず、もう1台成約させました。
　この1台は、フエゴ島で家電品（CTVや電子オーブンなど）を組み立てているアルゼンチン・メーカー向けで、外注せずに自社で射出成型も行ってしまおうと考え、モルダーとしての工場の新設計画を立てた会社向けでした。しかし、この会社に搬入した機械は、6か月間だけ稼動した後、新工場が火災となり、ほかの機械とともに全焼してしまいました。
　機械には、アルゼンチン支店を受取人として多額の火災保険が付保してありました。
　火災を出した会社の会計士からは、すぐ保険会社に申請して保険金を取るべし、保険会社が和議申請と破産法（日本の会社

更生法に似た法律）を適用する前に、というアドバイスがありました。保険会社は保険金目当ての放火を主張しましたが、新設させたばかりの工場を自社で焼くはずもない、という警察の検視官の見解が優位に立ち、アルゼンチン支店にはすぐ保険金が下りました。その2か月後、その保険会社が和議申請した、という官報の記事を読んだのです。火災を起こした会社の社長も、火災から数か月後、癌で死亡したということを耳にしました。

　産業機械部からは、今回の商いが一番見入りがいい商いだった、火災で保険金が下りてすぐ儲かった、融資額を何年もかけて回収する手間が省けてよかったよかった、と言ってこられたのには、複雑な思いがしました。私は、火災で工場もろとも溶けてしまった機械を自分の目で確かめていました。スティールの融点は800度くらいですから、工場の中はものすごい火力で、恐らく1,000度近くにもなっていたのではないでしょうか。

　人それぞれに天運があるように、機械にも、製作されたそのときから持ち合わせた運命の星があるとしたら、はるばる日本から赤道を越えて南緯53度まで運搬されてきたにもかかわらず、その使命を全うできずにあっけなく溶けてしまった機械は、死んだ社長や、和議申請した保険会社と同様に、何と運の悪い星を持って生まれてきたことか、大勢生んだ私の子供の1人を、不慮の事故で亡くしてしまったような、ひどく悲しい気持ちになっていたからでした。……

●2005年1月18日

1月18日。旅の5日目。

サンタ・クルス港の次に寄り道した場所、モンテ・レオン国立公園。

　昨日の充分な休息のあとで、体力も気力も充満していました。5時30分。日の出を待たずに出発。

　黎明の中、サンタ・クルス川を渡り、国道3号線を10kmだけ走って、国道288号線に折れ、真東に27km、まず、サンタ・クルス港に寄り道をしました。誰もいない港の風景を独占できる、早起きした者の特権。記念撮影をして国道3号線に戻り、次に寄り道した場所が、Monte León（モンテ・レオン）国立公園。

　砂利も敷かれていない土の道、雨でも降れば泥道と化しておよそバイクで走るには不向きな道を24km、海岸に向かって走りました。ここは、ライオン山という名前の通り、ライオンが腹ばいになっているような形をした山がある岬です。干潮時、海水の浸食によって出来た円天井とアーチ型の洞穴を持つ岩礁が現れます。午後、その天然の円天井とアーチから午後の陽光が射し込み洞窟内を照らすとき、ゴシック建築の大聖堂のような美しい金色の空間がそこに浮かび上がるはずです。ですが、今はまだ朝。引き潮でもないので洞穴に入ることもできません。岩礁の上で記念撮影をして、再び、土の道を24km戻って国道へ出ました。

その後、Río Gallegos（リオ・ガジェーゴス）までの約200 kmを、わき目も振らずにひた走りました。

　マゼラン探検隊の航海士の1人、Blasco Gallegos（ブラスコ・ガジェーゴス）に因んで命名されたこの町に到着したとき、バイクの後輪がゴムの厚みの半分近くまで減ってしまっていることに気が付きました。両輪とも新しいタイヤでブエノス・アイレスを出発したのです。まだ、2,500 kmしか走っていません。後輪は前輪より消耗が激しいですが、それでも通常の走行で1万kmまでは使用に耐えられると聞いていました。が、国道3号線の目の粗いアスファルトと、タンデムで走っているバイクの重量が相乗効果を起こして、後輪は急激に消耗した、と考えられました。

　これから先の道程には、2,000 km以上の未舗装道路が我々を待ち構えています。

　半分擦り減ったタイヤでは到底走り切れないでしょう。ここリオ・ガジェーゴスで後輪を交換し、旅の2日目で使用不能になった燃料調節弁を調達することにして、人に尋ね尋ねしながら、裏通りの小さな修理工場に辿り着きました。

　工場は、バイク好きな2人の青年が経営していて、彼らが自ら応対してくれました。

　しかし、トランザルプの後輪は店にストックがありませんでした。税関には届いているので、数日すれば通関できるというのです。ですが、数日もこの冷たい西風が吹き晒すリオ・ガジェーゴスの町でただ待つことは我々にはできません。これから行く先々の町で入手できることを期待して、調節弁だけを交換することをお願いしました。が、これもストックがない。すると、工場に修理に入っていた誰かのトランザルプの調節弁を外して付けてくれたのです。それも、弁に息を吹き込んで膨ら

ましたりすぼめたりしながら装着具合を微妙に調節し、根気よく2時間もかかって。そしてその代償として、タダにも等しい金額しか要求しないのです。風が吹き通す寒い修理工場で、凍えながら作業を見守っていた私の心がふいに熱くなりました。

私は工場を飛び出して、近所に見つけたパン屋でサンドイッチをたくさん買ってきて、それで、皆でランチにしました。2人の青年の名前は、セバスティアンとマルコス。それから4年後の2009年に、再びこの町をバイクで訪れたとき、2人の経営する修理工場が、町の目抜き通りに移転して素晴らしく立派な構えとなっていたのを見るに及び、2人の成功を心から喜んだものでした（現在、2人は、ブエノス・アイレスとサンタ・フェ州にも支店を持っています）。

リオ・ガジェーゴスの町は、ガジェーゴス川に沿って発達し、国道3号線は町を北西から南西に突き抜けるようにして走っています。給油を終えた後、町を一気に走り抜けました。

今日はリオ・ガジェーゴスの南東約130km、Cabo Virgenes（カーボ・ヴィルヘネス、処女たち岬）を目指しているのです。

11km走ると、国道40号線との接続地点に着きました。ここからはオフ・ロードの世界です。そして、処女岬の手前10kmにあるMonte Dinero（モンテ・ディネーロ）牧場が今夜の宿となるのです。

ところで、我々のトランザルプが1回の給油で走行できる距離は約250km。これが向かい風であったり、スピードが出ていれば、せいぜい200km程度しか走りません。リオ・ガジェーゴスを最後の給油地として、処女岬までを往復して再びリオ・ガジェーゴスに戻ってくる道中に、ガソリン・スタンドはありません。モンテ・ディネーロ牧場でガソリンを売ってもらえる

かどうか。しかし、4リットル入りポリ・タンクに入れてあるガソリンを使用すれば、その分でさらに40kmくらいは走れる計算です。予備のガソリンの最後の1滴までを使い果たし、ガソリンの匂いだけを残したころに、リオ・ガジェーゴスに戻ってこれるはずです。ガス欠を臆せず、砂利道に走り出しました。

……フエゴ島向けに射出成型機の販売をしながら、私は隣国ウルグアイにも売り込みをかけていました。世界で一番川幅が広いラ・プラタ川の対岸にある、小さな国ウルグアイ。

　人口は330万。首都はMontevideo（モンテヴィデオ）。1988年、日本からの脱出を図っていた私は、移住先をアルゼンチンのブエノス・アイレスにするか、ウルグアイのモンテヴィデオにするか、一瞬だけ迷いました。日本から遠くでありさえすれば、移住先はどこでもよかったのです。

　ブエノス・アイレスもモンテヴィデオも、町の名前の発音は、いずれも私の耳に美しく響き、しかし、地図で見ると、ウルグアイはアルゼンチンの属州のごとくに小さく、どうせ移住するなら大きな国の方が食いはぐれが少なかろう、という理由でアルゼンチンを選んだのでした。その、移住先第2候補だったモンテヴィデオでは、1898年11月12日に、ウルグアイ工業会議所が開所され、それから100年目を迎えるに当たって、その年、様々な記念行事が計画されていたのです。この機会を利用することにしました。

　アルゼンチンに据え付けられた日本の射出成型機の性能のよさは、すでにウルグアイでも充分に業界の話題になっていましたから、機械を特別割引価格で売り込み、その機械を記念祭の会場のブースに出展させる、というのが私の構想でした。

　記念祭に出展を予定していたウルグアイのモルダーは2社、

いずれも家庭雑貨品を射出成型していました。そのうちの1社と交渉が進み、小型機3台をほぼ成約。ここで、アルゼンチンの客先用に使用している売買契約書や動産担保契約書の書式を、ウルグアイの法律に照らし合わせて作り直す作業が必要となりました。それで、アルゼンチンで起用している法律事務所に依頼して、ウルグアイの銀行法に明るい法律事務所を紹介してもらったのです。作業は、またぞろ、ウルグアイの為替法や動産担保契約法を調べ、それらを訳して本社にレポートすることから始めねばなりませんでした。川向こうの国と言えども、間違いなく異国であることを改めて認識させられました。めまぐるしく川の向こうとこっちを行ったり来たりして、何とか今回も船積み前までに契約書の調印に漕ぎつけることができました。そして、このウルグアイ向け3台の成約で、産業機械部は中南米向け販売総代理店権を獲得するに至ったのです。

　1998年10月2日、メーカーの取締役殿と課長殿、本社の産業機械部の担当とアルゼンチン支店の社長、そしてアルゼンチン技術代理店社の社長と副社長、プラス紅一点の私は、ウルグアイ工業会議所が主催した、100年祭の前夜祭に招待されました。会議所会頭の熱っぽい挨拶の後、打ち上げ花火が上がり、民族ダンス、歌謡が次々に披露され、夜を徹する意気込みで続いていた陽気な式典中、ウルグアイのビール、ワイン、シャンパンをしたたか飲まれて、早足取りが怪しくなってきた日本勢を介護しつつ、深夜、ホテルのそれぞれのお部屋まで無事、お届けする任務を果たしました。

　そして迎えた10月3日、見本市の初日。

　特別割引価格で売り込んだ3台のうちの1台が、晴れ晴れしく出展されているブースの前に勢揃いして、まずは感激の記念撮影。その後、他出展社のブースも興味深く見学している最中

に、やおら、ウーウーウーウーという消防自動車のサイレンのような音が会場に響き渡りました（わあっ！　戒厳令か。クーデターか。でも、ウルグアイで？　まさか。では、火事？）。引率している日本勢の身の安全を心配して、咄嗟にあれこれ想像をめぐらす私。と、館内放送が流れました。

「ウルグアイの副大統領、ウーゴ・バタージャ氏が亡くなりました。ウルグアイ国民はこれから3日間の喪に服します。この見本市も3日間、閉館となります。ご来場の皆様は、どうかしめやかに退出してください。」……

　モンテ・ディネーロとは"お金山"という意味です。
　この辺りの海岸には砂金が出るのです。1870年代、最初のゴールド・ハンターたちがやって来て、処女岬をまわってマゼラン海峡に入りました。海岸伝いに15kmほど進んだ辺りの海岸に、小高い隆起（標高98m）があるのですが、この隆起を大西洋側から見て、マゼラン海峡への入り口の目印としたのです。つまり、お金になる砂金の出る海岸へ至る目印となる山、それが"お金山"という名前の由来のひとつです。
　一方で、マゼラン海峡が発見されて以来、多くの帆船がこの航路を通って太平洋に出ることを試みました。が、処女岬を回ってマゼラン海峡に入るこの辺りの潮流を乗り切れずに難破した船も多数ありました。それらが積んでいた金貨が、難破船の破片と一緒に"お金山"付近の海岸に打ち上げられたのです。それが、この小高い隆起を"お金山"と呼ぶようになった、もうひとつの由来です。
　ところで、処女岬はアルゼンチン領ですが、"お金山"はチリ領になっています。この辺りは、マゼラン海峡の覇権をめぐってアルゼンチンとチリの国境紛争が絶えない場所のひとつ

なのです。

　アルゼンチン領側にあるモンテ・ディネーロ牧場は、19世紀から5世代にわたって経営されてきた羊の牧場です。広大な土地に放牧した羊たちを、牧童たちが馬ならぬバイクを駆って追い集める、という話を聞いて興味を持ったのですが、そこへ至る道は長く、対向車も追い越していく車もほとんどない孤独な道でした。灰色の空。灰色の平坦な大地。そして灰色とも土色ともつかない羊の群れ、また群れ。雨が降ったのか、砂利と砂の混ざった道は少し湿り気を帯びていて、バイクで走るにはほどよく締まっていました。時速40kmほどでじりじりと走り、60kmを走ったとき、22万haの牧場と14万5,000頭の羊を有するという、コンドル牧場の平屋建ての家屋が見えてきました。

　濃い灰色の大きな屋根に白い煙突がいくつもある、がっしりした作りの家が母屋で、小さな赤い屋根の家がいくつか見えるのは、あれらは使用人たちの家でしょうか。この小さな集落が見えてきた辺りから、それまで何の変哲もない大地が延々と続いていた単調な風景に代わって、国道の両側には低い丘陵が現れるようになりました。

　しかし、コンドル牧場からさらに30km走ったころ、灰色だった空が次第に重く低く垂れ込めてきて、やがて冷たい雨が降り出しました。バイクを停めて雨宿りする場所はありません。最後の13kmを走り切り、モンテ・ディネーロ牧場に到着したとき、リオ・ガジェーゴスを発つ前に、我々の到着をあらかじめ電話で知らせておいたフリオ青年が、両手を広げて温かく出迎えてくれました。

　6つある客室はまだどこも空室で、その日の宿泊客は我々だけのように思えました。熱いシャワーで冷え切った体を温めた

あと、備え付けの体重計に乗り、針が示した位置を見て我が目を疑いました。45 kg！？　ブエノス・アイレスを出発する前には確か50 kgありましたので、1日走るごとに1 kgずつ体重が減っていったことになります。寒さに抵抗するためには体のどこからか熱を発散しなければなりません。また強い西風に対抗してバイクの上で体を真っ直ぐに保つためには、絶えず筋肉を緊張させています。その熱と筋肉の緊張の分のエネルギーは、体のどこかの脂肪分を燃焼させて補給していたのでしょう。凄まじいパタゴニアの風による、何とドラスティックなダイエット効果！

　21時半スタートの夕食までには、まだほんの少し時間がありました。

　ロッジのリビングにあった玉突き台で、ホセが1人で興じている間、私は角ばった木の固い椅子に座り、赤ワインの入ったグラスを傾けながら、薄暮の中に溶けるように降り続く雨を、窓ガラス越しに眺めていました。

　フリオ青年が爽やかな笑顔で入ってきて、モンテ・ディネーロ牧場とその周辺の興味深い歴史を次々と語ってくれました。

　1886年、アイルランドからリオ・ガジェーゴスに移住したアルトゥーロ・フェントン氏は、リオ・ガジェーゴスの最初の医者として定住し開業しました。

　一方、モンテ・ディネーロ牧場の初代オーナーは、グリーンシールド氏で、その妻はエンマ。牧場の名前も"Lucacho（ルカーチョ）羊牧場"だったそうです。グリーンシールド氏が肺結核で死亡し、寡婦となり牧場を遺産相続したエンマがフェントン氏と再婚、以後、牧場はフェントン・ファミリーが経営しているそうです。

モンテ・ディネーロ
牧場のフリオ青年と
一緒に。

　羊をバイクで追うという噂は本当で、使用しているバイクは、ホンダのXR200。

　この辺りは牧草がまばらにしか生えておらず、このため羊たちは草を求めて遠くまで行ってしまいますので、それを馬で追っていたら時間がかかります。馬で3時間要する作業が、バイクを使用すればたった30分で済むそうです。

　3万6,000haの牧場で飼育している羊の数は1万8,000頭。そのほとんどがCorino（コリーノ）という羊の種類で、コリーノは現在のオーナーの祖父にあたる人が開発した新種。その羊毛は22～23ミクロンと非常に細い、縮れの少ない上質なもので、パタゴニア全土では、約8万頭のコリーノ種が飼育されています。

　隣家のコンドル牧場は、このコリーノ種とメリーノ種をかけあわせてコルモ種を新たに開発しました。コリーノ種より体が大きいため肉は多くとれますが、毛はやや太いそうです。

　コンドル牧場は、1995年、その22万haの土地と11万頭の羊をイタリア繊維業界大手のベネトン・グループに手放してしまいます。ベネトン・グループはコンドル牧場も含めた90万ha

の牧場をパタゴニアに購入し、そこで放牧する26万頭の羊から刈られた1,300トンの羊毛を毎年、イタリアに輸出しているのだそうです。ここまで語って、フリオ青年の語調が急に激しくなりました。

"アルゼンチン政府は、外国企業の土地購入にもっと厳しい制約を与えるべきだ。このままでは、パタゴニア全土が外国企業の手に渡ってしまう。そもそも政府は、国境紛争にも対策が甘い。歴史的にチリの侵略を許してきてしまっている。マゼラン海峡は、その北も南もチリ領となってしまった。処女岬の南側の国境でも、ちょっと油断するとチリの警備隊が国境の標しとして植えてある柵をアルゼンチン側にずらしてしまう。それをアルゼンチン警備隊が気が付いて、またチリ側に植えなおすということを繰り返してきている。"

フリオ青年の熱い語り口とは反比例するように、窓の外はひっそりと冷たい雨が降り続いていました。

……1999年に入ってから、アルゼンチン経済に翳りが見え始めました。

ハイパー・インフレを収束させるべく、鳴り物入りで制定された通貨の兌換性に関する法令でしたが、それにより規定された1ペソ＝1ドルの固定為替相場は、ペソ高ドル安現象を招いていました。最主力輸出品である農産物（特に穀物）は国際価格競争力を失い、工業に関しては国内生産コストの対ドル価格上昇により、国内生産業者はこぞって生産を止めて輸入業者となり替わり、ブエノス・アイレス港は世界一オペレーション・コストが高い港と化しました。戦後の日本経済に行われた、1ドル＝360円の円安ドル高の固定為替相場が日本の輸出力向上を支え、日本が経済の高度成長を果たすことができた、まった

くその逆を行った形となったのです。表面上は、まだ経済安定の時期であると言われていましたが、実際の為替相場は1ドル＝2.60ペソくらいであるのに、兌換性法により無理やり1ドル＝1ペソに抑えているとも噂されていました。……

●2005年1月19日

旅の6日目。
4リットル入りポリ・タンクに入れて持ってきたガソリンをガソリン・タンクに移し、モンテ・ディネーロ牧場から13kmの砂利と砂の道を辿って、処女岬へ着きました。
南緯52度20分。
マゼランがこの岬に到達したのは、1521年10月21日。その日が丁度、"聖ウルスラと一万一千人の処女たち"という、当時のカトリックの祭日に当たっていたため、マゼランととも

処女岬。高さ26.5mの灯台で朝日を迎える。

処女岬。マゼランペンギンの幼鳥。

に航海していたイタリアの探検家ピガフェッタにより"処女たち岬"と命名されました（ブリテン王国の王女ウルスラが一万一千人の侍女を従えてローマへ巡礼に出て、ドイツのケルンまで行ったとき、フン族のアッティラ大王がウルスラに一目ぼれして征服しようとしましたが、ウルスラは大いに抵抗し侍女たちと殉教したのが西暦383年10月21日だったと言われています）。

　処女岬にある、高さ26.5mの黒と白の灯台の後ろから、丁度、朝日が昇り始めましたが、幾重にも厚く広がった灰色の雲が、すぐその姿を包み隠してしまいました。

　灯台の周りに広がっている灌木の茂みには、灰色の頭と背中、白い顔とお腹をした、マゼランペンギンの幼鳥が身を潜めていました。大抵2羽ずつ潜んでいます。近寄っても逃げません。ここは、チュブット州のプンタ・トンボに次ぐ、南米大陸第2のマゼランペンギンの繁殖地なのです。毎年10月になると、約9万カップルのマゼランペンギンたちが処女岬周辺にやってきてペアリングをします。魚を捕るために海へ歩いて出ていく、親ペンギンたちの黒い背中が、点々と海岸まで続いていました。

……"悪魔は我々の思惑の虚をついて、万全と安心のほんのわずかな間隙につけ込んでくる。"誰の格言でもなく、自分自身の経験から、私がそう思っている事象です。

　産業機械部からは、その後も凸版印刷機と旋盤の売り込みの依頼がありました。
　4色刷り印刷機を立て続けに3台売り、旋盤を取り敢えず1台売り込むことに成功し、さらに商いの拡大が期待されていた矢先でした。秘書が1本の不可解な電話を私のデスクの電話に繋げたのです。電話の主は競売ブローカー??
　"御社のカーゴが競売に出ます。よろしかったら入札のお手伝いをします。" !!
　即刻、電話の主に事務所へ来てもらいました。同氏が持参した競売リストの中に、
「射出成型機、350MT、新品、競売ベース価格14万ドル」
とありました。
　350MTといえば、ブエノス・アイレス郊外50kmの自動車のプラスティック・パーツ・メーカー向けに出した6台のうちの1台です。それがどうして？
　自動車パーツ・メーカーは、産業機械部が輸出した小型機3台を通関した後、その後も次々に輸出された中型機1台と大型機2台がブエノス・アイレス港に到着したとき、それらを通関せずに、港の保税地区に放置してしまっていたのです。射出成型の仕事が少なくなり、中型以上の機械を輸入通関する費用が捻出できなかったということを理由として。
　機械は放置されてから1年以上が経過しており、私はその事実をまったく知らないで過ごしてきてしまっていました。

融資付き販売では、販売代金回収のための保全策を複数施してありました。

　まず、売買契約書。これにはバイヤーである会社の代表取締役が署名するほか、主な株主たちにも支払いの連帯保証人として署名させました。契約書は支払い期限から11年間有効で、不払いを理由に、会社と連帯保証人に対して裁判を請求できます。債務者たちにとっては痛烈なパンチとなる措置、破産請求訴訟を起こすこともできます。

　そして、銀行手形。機械の輸入通関に必要な船積み書類は手形と一緒に銀行経由で送付し、手形が引き受けられた段階で、船積み書類がバイヤーにリリースされるようにしました。

　手形は支払い期日を2日間過ぎても決済されなかった場合、銀行はこれを公証人事務所に送ります。公証人は手形が決済されなかったことを証明し、その証明書付き手形は3年間有効で、バイヤーを訴訟に持ち込むことができます。

　また、動産担保契約法により、機械には動産担保を設定して、アルゼンチン店が担保権を留保していました。動産担保契約書は5年間有効で、5年ごとに更新することが可能です。不払いが生じた場合、動産担保契約書を行使して機械を差し押さえ、機械を競売にかけて売り払うこともできます。

　このように二重三重に保全策を施して万全を図っていたのですが、バイヤーが機械を保税地区に放置する可能性までは考えてもみませんでした。悪魔に虚をつかれた思いでした。

　350MT機は、コンテナ積みで出されました。そのコンテナが放置された保税地区の経費、保税地区から保税倉庫への移動費用、保税倉庫代、などが税関並びに保税倉庫会社への債務として累積し、税関は税関法に従って機械を競売にかけて、かかった費用を回収しようとしているのです。アルゼンチン店と

本社は大騒動となりました。

税関の法務部を訪問して、担当弁護士と面談を持ちました。

セラー側の立場には同情してくれました。機械には抵当権が設定してあることを理由に、累積債務を清算すればアルゼンチン店が機械を引き取ることができるか、という質問には、一般的には、イエス、しかし、すでに競売に出すことが公示されてしまった以上、一旦は競売にかけられなければならない、その上で、誰も買い手がなければ、アルゼンチン店に引き取りを許す、という返答でした。

機械を見に行きました。コンテナは開封され、入札希望者は誰でも機械を見学・値踏みすることができました。

そして迎えた競売当日、アルゼンチン店の社長と私のアシスタントに伴われ、競売ブローカーの案内で競売会場へ行きました。写真撮影は禁止。せめて機械が競売にかけられる状況を録音するために、小型の録音機をハンドバッグの中に忍ばせてありました。

競売はアルファベット順に進み、本社の会社名の頭文字に近づくにつれて、動悸が激しくなりました。入札者があった場合、すかさず、"その機械には動産担保が設定されています！"と大声で叫べ、という本社の法務部の指示を受けていたからです。私の心臓の鼓動が、私の隣に落ち着き払って座っている競売ブローカーの耳にも聞こえるのではないか、とさえ思い始めたとき、ついにその瞬間が訪れました。

"リスト番号XX。射出成型機。新品。ベース価格14万ドル。"

誰も入札しません。"誰かいませんか？"入札者は依然としてなし。"いませんか？"

ブローカーたちは誰も自分の番号札を掲げません。"入札者なし。では次に移ります。"

ホォーッと全身の力が抜けました。ベース価格は、第1回の競売では、船積み書類の中のインボイスに記載された価格だったのです。その価格が高かったのか、誰にも入札されずに済みました。

税関と保税倉庫会社への累積債務、船会社のコンテナ・レンタル料を清算し、新たに貸し倉庫を借りて、そこに機械を移動させることになりました。

運送会社を雇い、日曜の午後、倉庫周辺100m四方の交通を遮断する許可を警察から取り付けた上での作業でした。

問題は、350MTと一緒に放置されてしまった650MTと1200MTです。

この2台は巨大な木箱3個で梱包されており、木箱の横板の隙間から中を覗くと、高下駄と呼ばれる太い木材の上に機械が置かれていて、アルミニウムのフィルムで機械全体が梱包されていました。多分、湿気は遮断されているものの、コンテナのような密閉性はありません。1年という長い期間を放置されていた証拠に、木箱の周囲にはぺんぺん草が生えていました。それにしても何と大きな木箱でしょう。あまりにその容積が大きいので、税関としても、これを動かして保税地区から出し兼ねていたのです。それで、この2台はまだ競売に出されていなかったものと思われました。

本社の法務部、産業機械部と相談した結果、2台をラ・プラタ地区にあるフリー・ゾーンの貸し倉庫にスペースを借りて移動させることにしました。そこで、次はこの手配です。

まず、税関への累積債務の清算です。これだけでも5万ドルを超える金額でした。税関では現金しか扱わないので、アシスタントと半分ずつ緑のお札(さつ)(当時、緑色だったアメリカの100ドル紙幣)を隠し持って行きました。

一方で、支払いと同時に機械を移動させねばなりません。あらかじめクレーンと運搬車の手配をし終えていなければなりませんでした。一番大きな木箱は、船積み書類のパッキング・リストで確認すると100トンを超える重量でした。この重さを持ち上げられるクレーンを有している運送会社は2社しかありません。その2社から見積もりを取り付けて、そのうち、より規模の大きな会社で、より高い費用を見積もった会社に運送を依頼しました。

　ラ・プラタのフリー・ゾーンまでは65km。運送会社はそこまでのルートの事前調査を行いました。どの道を通れば問題なくフリー・ゾーンまで到着できるか。そして、いよいよ、木箱3個が税関の保税地区を出る、というとき、税関のインスペクターは木箱の横板を少し壊して、中身がパッキング・リストと相違ないことを確認した後、巨大な木箱に縦横に鎖をめぐらして木箱を封印したのです。運送会社は、この鎖の高さの分を計算に入れていませんでした。太い鎖でしたので、木箱の高さは10cmほどアップ。これは、まずい！　道中には幾つか高架橋があり、それらの高さも考慮してルートを決定したのですが。しかし、もう、見切り発車させるしかありません。巨大な木箱3個は3台の運搬車に載せられて、保税地区をそろそろと出ました。

　先頭に先導用の小型トラックが走り、一番後方から私を乗せたハイヤーが運搬車の列を追いました。運搬車がバウンドして木箱が荷台からずり落ちてこないとは限らず、そうなったら私の乗った車は丸つぶれとなります。だから、少し距離をとって、しかし、運搬車との間にほかの車が入らないように走れ、という極めて難しい注文をハイヤーの運転手につけました。運搬車は時速40kmでそろそろと走り、そして問題の高架橋に近

づきました。

　運搬車を後方に待たせ、まず先導車が陸橋の高さを測りなおします。その結果、わずかな差で一番大きな木箱を積んだ運搬車が陸橋の下をくぐれないことが判明。どうするのか。先導車のチーフは落ち着き払って、運搬車のタイヤの空気を少し抜くことを指示しました。タイヤは、32個ほど付いていたと記憶しています。それらのタイヤの空気を抜くことで車体を沈めて高架橋の下をくぐれるようにしたのです。そして、タイヤを再び膨らませて出発しましたが、それらの作業に手間取ったため、フリー・ゾーンには大幅遅れで到着し、倉庫のオーナーは痺れを切らして待っていました。

　巨大木箱を下ろすため、巨大クレーンがその足を広げて倉庫の前のアスファルトの公道に足をつけた途端、アスファルトが20cmほど陥没してしまいました。大変だ、公道を壊してしまった！　とおろおろする私。倉庫のオーナーから連絡を受けてフリー・ゾーンの総支配人が飛んで来ました。しかし、アルゼンチン最大の運送会社から派遣されている先導車のチーフは、落ち着き払って、壊れた部分の詳細を記録し、保険でカバーできるから何も問題はないと、狼狽している私を安心させてくれました。高い運送料の中には高い保険料が含まれていたのです。

　木箱を公道に下ろしてからは、手作業で倉庫の中に搬入されることになっていました。

　倉庫の屋根は作りつけで外れませんから、クレーンで吊って入れることはできないのです。

　しかし、時間切れとなり、この日の作業はここまで。

　翌日から、油圧ジャッキを使用して木箱をすこしずつ移動させる作業が行われました。

この根気の要る作業は3日間続き、私も3日間、フリー・ゾーンに張り付きました。
　作業中、何か不都合が起これば、すぐその場で、解決策を裁量しなければならなかったからです。こうして機械をラ・プラタのフリー・ゾーンの貸し倉庫に無事、搬入したのです。

　機械を放置した会社は、過去、一度倒産したことがありました。が、産業機械部も法務部も、その過去には目をつむり、稟議を通してしまったのです。
　教訓。過去に破産して会社更生した経緯を持つ会社と取引するときは、それなりの覚悟をせよ（ただし、リスクのない取引などない。リスクのない人生などないように）。

　350MT機は、幸い、貸し倉庫に近いところに工場を有するモルダー向けに売れました。
　ただし、アルゼンチン店が機械を内貨(ないか)にしてから地場取引として売る、というのが購入の条件でした。それに応じるべく、まず、アルゼンチン店が本社の産業機械部から機械を購入する、という帳簿上の操作を行いました。その上で、アルゼンチン店が機械を輸入通関し、国内税を上乗せした価格で売ることになりました。アルゼンチン店の会計士の絶大な協力なしには到底なし得なかったオペレーションでした。
　問題は、フリー・ゾーンにある大きな2台です。
　1999年10月、カリスマ的な政治手腕で大統領を2期務めたメネム大統領の任期が終わろうとしており、アルゼンチン政治・経済の先行き不透明を理由にして、企業はどこも新たに大きな投資をすることを控えていた時期でした。
　1999年12月10日、市民急進連合党出身のフェルナンド・

デ・ラ・ルーア氏が、市民急進連合党と国家連帯前線党とが合体した、"同盟党"から推されて立ち、そして当選、大統領に就任しました。しかし、約10年前、市民急進連合党のアルフォンシン政権下で雪崩的に起きたハイパー・インフレの記憶が国民の脳裏にはまだ生々しく、デ・ラ・ルーア新大統領の打ち出す政策を、新大統領の背後に控えているものが何であるかを目を細めて透かすようにして見極めようとしていた時期でもありました。

　機械は、結局、それから約1年、フリー・ゾーンの倉庫で眠ることになったのです。……

　処女岬は国道40号線の出発点でもあります。

　国道40号線は処女岬を起点とし、リオ・ガジェーゴスを経由して、南米大陸を東から西へ、チリとの国境まで横断したあとアンデス山脈に沿うようにして北上しています。ボリビアとの国境の町、La Quiaca（ラ・キアカ）がその終点で、全長5,240km。我々は、その後、何回かに分けて行ったバイクの旅で、そのほぼ全長を走りました。未舗装部分が多いため、そこを走るのは野性味に富み、常に大自然と対峙しなければなりません。自然への挑戦、また自己の体力と気力への挑戦の道です。北の地方へ行くにつれてアンデス山脈は標高が高くなり、そこを走るのは高山病との闘いとなります。国道40号線上で標高が最も高い地点は、サルタ州のAbra del Acay（アブラ・デル・アカイ）です。ここを通ったとき、バイクに装着してあった我々のGPSは標高4,960mを示していました。

　処女岬に別れを告げ、モンテ・ディネーロ牧場の前まで戻って来てバイクを停めました。緑色の屋根で統一された、牧場の平屋の集落のすぐ後ろに、チリ領が広がっているのが見えたか

らです。マゼラン海峡は左手奥の丘陵と丘陵の間にわずかにその真っ青な海水の色を覗かせています。右手奥に一段と高く盛り上がっている土の塊りが、多分、"お金山"でしょう。発見の栄光と、難破の悲劇と、国境紛争の舞台、そして、そこに定着し固執したフェントン・ファミリー5世代の刻苦を、風景の中に垣間見たような気がしました。

　昨日通ってきた単調な道を、再び1kmずつ数えるようにして走り、一旦リオ・ガジェーゴスまで戻って給油しました。ガソリン・スタンドでサンドイッチをしたためて、国道3号線をチリとの国境に向かって南下し始めたときは、時計はもう午後2時を回っていました。

……フリー・ゾーンに一旦保管した射出成型機を購入してくれたのは、ラ・プラタのモルダーでした。この会社は射出成型部門のみならず、射出成型に使用する金型の生産部門も有していました。景気が翳ったプラスチック射出成型業界で、ほとんど唯一、引き続き活発な生産活動を行っていたのが、このモルダーでした。

　機械の購入条件は、アルゼンチン店が機械を工場まで運び入れ据え付けること、そして、支払いは機械が稼動した日から起算すること、でした。

　機械には、税関の保税地区に放置されてから1年、そしてフリー・ゾーンに移動され保管されてから1年、都合2年という月日が流れてしまっており、機械が正常に稼動するかどうか、というバイヤーの懸念は、私の懸念でもありました。

　本社はこの条件を呑みました。呑まざるを得なかったのです。私はこのモルダー以外に売るべき相手を知りませんでしたから。

そして、機械の据え付け場所に指定されたのは、フエゴ島、リオ・グランデ工場内だったのです。

ここで、フリー・ゾーン（以下、FZと記します）と税関特別地区（スペシャル・カスタム・ゾーン）との違いを説明せねばなりません。

FZは、法令24331（1994年5月18日制定）により規定され、輸出と貿易の促進を目的として設置されている関税がかからない領域です。

そこで行われる行為は、商業、商品の保管、商品の状態の調整、他国への輸出を対象とした商品の生産、です。国内市場を対象とする商品生産は禁止されていますが、ただひとつの例外が認められており、それは、過去、アルゼンチン領土内で生産されたことがない資本財に関しては、FZで生産し国内市場に提供することができる、とされています。

これに対して、法令19640（1972年5月16日制定）により規定されているフエゴ島の税関特別地区は、そこで生産された商品がアルゼンチン国内市場に供給されることを対象に設置されている、ということです。そこでは、関税に対する特別措置がとられています。一般関税領域に課せられている関税率に対してその75％を超えてはならない、という規制です。さらに、国内税が免除される特典があります。

2000年10月当時、アルゼンチンにはFZが6か所稼動していました。ブエノス・アイレス州ラ・プラタのFZがそのうちで最も古く、1996年に設置され、翌1997年から稼動を開始しました。

私は、1年前、FZ法令24331号に従って、税関の保税地区に放置された機械をここに移動させ保管させました。そして、

今回、私に課せられている仕事は、FZというひとつの税制が敷かれている特別地区から機械を出して、フエゴ島という別の税制が設けられている特別地区に機械を搬入させること、つまり、FZに関する法令と、フエゴ島に関する法令の双方を満たして初めて可能になる、という複雑なオペレーションでした。

　早速、FZ法令に詳しい通関人と、フエゴ島税関法を熟知した通関人を起用する作業に入りました。FZの方は、ラ・プラタFZの総支配人に照会して推薦してもらいました。フエゴ島の方は、バイヤーが常時、起用している現地の通関人を紹介してもらいました。双方の通関人が2つの法令をつき合わせて検討する間、私は梱包業者を雇って、商品の状態の調整、つまり、機械の梱包をやり直しました。

　そして、機械をFZから出しフエゴ島に運ぶ行為、そのオペレーション形態はFZからフエゴ島への輸出でなければならない、ということを2人の通関人から指摘されました。

　また、FZからの輸出には、インボイス"Z"という特殊な商業送り状が使用され、そのインボイスを発行できる者は、機械をFZに搬入したアルゼンチン店しかない、ということも学びました。それで、アルゼンチン店の会社名入りインボイス"Z"の作製を印刷会社に発注することからしなければなりませんでした。

　ところで、FZから出す機械は、過去、アルゼンチン領土内で生産されたことがない機械です。機械は、"保管"の目的で一旦、FZに入り、その後、FZ内で"商品の状態を調整"させていますので、これをフエゴ島に輸出することには、何とか辻褄を合わせられるのです。ところが、機械には修理用のスペア・パーツ1年分がフリー・チャージで一緒に梱包されていま

した。スペア・パーツの中には、アルゼンチンで生産されているものと、そうでないものとが混ざってひとまとめになって入っており、時価1万ドル相当の夥しい量が、"無償スペア・パーツ一式"としてパッキング・リストに記載されていました。これをより分けることは困難でした。

　そしてスペア・パーツは、機械と一緒に搬入することが必要なのです。万一の故障時、日本から空輸で取り寄せていたら時間がかかり、その間、機械は生産を中止しなければなりません。それゆえ、最初から無償でスペア・パーツが機械と一緒に搬入されるのです。私はトラック運搬送り状にはスペア・パーツの存在は記載しないことを決断しました。

　とにかく、機械一式をFZから出すことが先決で、その後のことは、フエゴ島の税関に機械が到着した時点で考えればよい、と。

　機械の輸送には、前回、機械を税関の保税地区から出したときに起用した、恐らくアルゼンチンで一番オペレーション・コストが高いと思われる運送会社を今回も指名しました。

　そして機械には、盗難、火災、落雷、トラックの横転など、考えられる限りの事故に対して付保しました。が、私が考え付くことができた事故は、多分、起こらないのです。起きるのは、私が考え付きもしなかった事故、であるはずです。

　リオ・グランデまでの約3,000kmの道中で起きるのは、落雷でも横転でもなく、何だかまだ判らないが、でも来るなら来い、と10本の指の爪を立てて八方に身構えた、そんな張り詰めた神経の状態でした。

　機械の据え付けには、日本のメーカーから据え付け技師が1人出張して来て、アルゼンチンの技術代理店の技師と2人で協力して行うことになりました。彼らをリオ・グランデに送り込

む航空チケットやホテルの手配もしなければなりません。

　バイヤー側でも機械の到着に合わせて、機械を設置させる床の工事を終えていなければなりません。大型射出成型機の場合、その据え付けは床を50cmほど掘り、そこに錨の形をした脚を埋め込み、速効性のコンクリートを流し込んで機械を固定させます。その床準備の指示も行いました。

　機械は、FZの倉庫に搬入されたときと逆の手順、手作業とクレーン吊り、という方法で運搬車3台に載せられ、すべての手続きをクリアしてラ・プラタのFZを出発、時速40kmのゆっくりした速度で、国道3号線を南下していきました。……

　リオ・ガジェーゴスから11km、Chimen Aike（チメン・アイケ）という集落のある場所から、国道3号線は砂利道となりました。その砂利道を48km走ると、西側に折れる道があり、維持状態の悪い細い土の道へ分け入るのが、一瞬ためらわれました。が、その先、数kmのゆるい坂を登りつめ、道が途絶えたところに、緑がかった紺色の水をたたえた美しいクレーター湖、Laguna Azul（ラグーナ・アスール、紺色の湖）が、人目に触れるのを恐れるかのように、沈黙を保って、秘めやかに横たわっていたのです。来てよかった！　美しい風景の場所へ到達するのは、簡単ではないのです。クレーターの縁ぎりぎりまでバイクを進め、湖とバイクを写真に収めました。

　国道3号線に戻り約4km走ると、道は再びアスファルトになり、さらに4km行くと、国境越えの手続きをするアルゼンチン側の税関の建物が見えてきました。Paso Internacional Austral（パーソ・インテルナシオナル・アウストラル）です。チリ領土へ入ろうとする車と、チリから出ようとする車が、長蛇の列をなしていました。

アルゼンチン・ナンバーのバイクをチリへ出国させる手続きをするため、ホセはバイクの運転免許証と登録書、保険の支払証明書、などを持って税関へ入っていきました。
　荒野のど真ん中にある税関の建物のわきに停めたバイクの傍らで、荒野を吹き抜けてくる凍てついた風に身を震わせながら、出国手続きをする人たちでごった返している税関の建物からホセが出てくるのをじっと待ちました。真冬は、この税関周辺の気温はマイナス30度以下になることがあるそうです。小一時間経って、ようやくホセが戻ってきました。
　次なる手続きは、我々人間の出国手続きです。バイクを残して移民局の窓口の人の列の最後尾に付きました。最後に行われるのが、バイクの点検。検査官は、我々のバイクが出国手続きされたバイクと相違ないことを確認し、出国させる荷物に禁止されたものが含まれていないかどうか、バイクのトップ・ケースとサイド・ケースを開けて中身を確かめました。そしてゴー・サインが出されて、税関を無事通過。チリ領との境界線は税関から300m走ったところにあり、"チリへようこそ"と書かれた看板を右手に見ながら、さらに300m走ると、そこにチリ側の税関の建物が待ち受けていました。手続きはアルゼンチン側と同じ。バイクの入国手続き、次いで人間の入国手続き、そしてバイクの検査が終了し、アスファルトのチリ国道255号線に走り出たのは午後5時半。我々より先に通関したトラックを次々に追い越し、55km走ってPunta Delgada（プンタ・デルガーダ）に着いたとき、目の前に、空の色を映した灰色のマゼラン海峡が広がっていました。

　……運搬車がリオ・ガジェーゴスを出発した後、税関で止まってしまっている、という連絡を運送会社から受けました。

カーゴが税関のインスペクターの検査を受けている最中、運搬送り状が強風でインスペクターの手を離れて荒野の彼方に吹き飛んで、回収不可能になってしまった、というのです。
　来た！　と思いました。
　手許に残しておいた送り状の第2オリジナルの写しを、すぐ、税関の事務所にファックス送信しようと試みました。が、ファックス専用回線をダイヤルしても繋がりません。それで電話をしたのですが、どの回線も不通です。1回線だけ繋がった電話回線がありました。
　応対に出た税関員は、"ファックス機は使えません。これは電話の直通回線です。強風で送電塔がなぎ倒されたので、ここ一帯が大停電となっています。復旧の目処は立っていません。運搬送り状は空輸して下さい。"!!
　それで、国内線の飛行場に車を飛ばして、ジェット・パックという飛行便で送りました。
　現地まで、48時間で到着、だそうです。つまり、48時間分の運送費用が追加でかかるということです。機械を載せた運搬車3台のほかに、大型クレーン車も一緒に走らせています。リオ・グランデには機械を運搬車から下ろせるクレーンがないからです。
　リオ・グランデ港にも、機械を吊れる岸壁クレーンの備えがないのです。これが理由で、フエゴ島向けに、過去、日本から出した大型射出成型機は、直接リオ・グランデ港で荷揚げされず、一旦、ブエノス・アイレス港で荷揚げされた後、陸路はるばる運ばれていたのです。大型クレーンも含めた運搬費用の大幅追加分の支払いを覚悟しました。
　運搬車が再び動き始め、マゼラン海峡を渡ったという報告は、2日後に受けました。

しかし、その日のうちに、また運搬車が止まってしまった、という報告が入ったのです。
　マゼラン海峡を渡ってフエゴ島に入った後、チリの税関で運搬車は足留めされているというのです。今度は何があったというのか。
　運送会社のブエノス・アイレス基地の担当から受けた説明は：
　射出成型機を積んだ3台の運搬車とクレーン車の数台前を走っていた1台のアルゼンチン・ナンバーのトラックが、フエゴ島へ行く手続きをしてパーソ・インテルナシオナル・アウストラルで税関を通過したにもかかわらず、国境を越えた後、マゼラン海峡を渡らずに、チリ領内で積んだ貨物と一緒にどこかへ行方をくらましてしまった、それで、後続していたすべての車両に対して、貨物と書類の総点検が行われたところ、3台の運搬車の運転手が国際免許を所持していなかったために税関を通過できないでいる、と。
　"リオ・グランデへ行くためには、チリ領を通過せねばならないことが判っていながら、なぜ、国際免許証を持っていかなかったのですか。"
　"いえ、それが、実は、この部分を走るためには国際免許証の所持が必要であるということは1985年から義務付けられていたのです。が、これまで一度もその所持の有無を検査されたことがなかったので、つい習慣で持っていかなかったものと思われます。"
　15年目の正直に、見事に当たってしまったということです。
　それでまたジェット・パックのお世話になりました。国際免許証はリオ・ガジェーゴスの空港に送られ、艀でマゼラン海峡を渡ってフエゴ島のチリ税関まで届けられ、そして、再び動き

始めた運搬車は、しかし、ほんの15kmほど走っただけで、今度は、フエゴ島アルゼンチン側の税関で再び足留めとなってしまったのです。

その連絡は、フエゴ島の通関人から受けました。運搬送り状に敢えて記載しなかったスペア・パーツの存在が発覚したのです。うまくいけばパスするだろう、もし、うまくいかなかったら、"緑のお札"だ、と最初から腹をくくって送り出したのですが。

"幾らくらいで手を打てそうですか？"
"2,000あれば何とか。"
"折り返し電話します。"

私はアルゼンチン店の社長室をノックしました。
"税関留めを食らっています。2,000ドル必要です。"
"わかった。だけど、領収書もらってよ。"（何をおっしゃる。賄賂に領収書が出るわけないではないか。）
"はい、要求します。"

2,000ドルの内訳は、1,000ドルが税関のインスペクター、あとの1,000ドルは、多分、通関人自身のポケットに入るものと想像できました。が、それはそれで目をつむるしかありません。

それでまたまたジェット・パックで緑のお札の輸送か、と思ったのですが、通関人の代理人がブエノス・アイレスにいるので、その人に現金を渡したことが確認できれば、フエゴ島でも2,000ドルをインスペクターに渡す、ということになりました。

こうして、機械は、"無事"、フエゴ島の2つの税関を通過できたのです。

お気の毒だったのは、日本から派遣された据え付け技師殿で

した。機械の到着は予定より1週間も遅れ、その間、アルゼンチン技術代理店の技師と2人で、1日だけ、200km南のウスアイアへ観光に行って頂きましたが、その後は、観るものは羊しかないリオ・グランデの広大な荒野に精神を解き放ち、何もない素晴らしさ、を満喫して下さることを、ひたすらお願いするしかありませんでした。……

　90分ごとに出航する艀には、まず貨物を積んだ大型トラックが3台、艀の左右にその重量を分散させるようにして乗り込みました。次に4WD小型トラックが2台と乗用車2台が、残ったスペースを埋めるように滑り込み、最後に我々のバイクが乗船しました。
　19時、定刻に艀ピオネーロ（パイオニア）号は出航。
　マゼラン海峡を発見したマゼランと、その後、続いてそこを航海していった探検家たちが、陸地にちろちろと灯る篝火（かがりび）を見て、当時3,000人ほどが住んでいたと言われる、原住民Yamana（ジャマナ）族が灯したその焚（た）き火を見て、火の陸地、と呼ぶようになったという、そのフエゴ島へ向かって、海峡を

マゼラン海峡を渡る艀、パイオニア号に乗船する順番を待つホセ。冷えた体をコーヒーで温める。

渡り始めました。

　この日のマゼラン海峡は、小雨が降っていたものの、波はごく穏やかで、バイクが転倒する心配も要らず、ほんの20分ほどで、艀はマゼラン海峡の最も狭い部分、4,650 mを渡り切り、Bahía Azul（バイア・アスール）に着岸したのです。

　フエゴ島、チリ領です。

　下船して最初の25 kmはアスファルトが続いていましたので、我々のバイクは後続のトラックをはるか後ろに残して快調に飛ばしていました。が、アスファルト道路が粗い大きな砂利の道になったとき、転倒した場合の危険を考慮して時速70 kmにスピードを落としました。トラックは次々に追いつき、我々を追い越していきます。どのトラックも追い越し際に、砂利を後輪で跳ね上げていきましたから、その砂利がブーツのつま先や膝頭にごつんごつんと当たります。バイクのヘッド・ライトにぶち当たりライトが壊れさえしなければよい、膝が痛いくらいのことは我慢しようと思いました。

　やがて、後続の車が絶えて、走っているのは我々だけになっていました。

　しかし、この風景は何でしょう、これまで走ってきたパタゴニアのどの風景よりも殺伐としています。建造物と言えば、20〜30 kmごとに1本あるかないかの道路標識と、道路に沿って延々と続いている鉄線をめぐらした柵、放牧した羊が道路に出てこられないように埋め込まれた柵、だけです。あとは、見渡す限り荒れた原野。そしてそこにまばらに生えている草を食んでいる羊は、数百頭単位で群れていて、ふっくらと煎った白ゴマの粒をばら撒いたように見えました。

　誰もいない。我々と羊だけ。その我々も羊も動いてはいましたが、延々と続く変わり映えのしない風景の中で、時間はあた

かも停止してしまっているかのようでした。

　しかし、時間は確実に経過していた証拠に、110kmの未舗装道路を走り、San Sebastián（サン・セバスティアン）税関に到着したとき、日没となりました。21時50分。チリから出国する税関手続きを終了した後、リオ・グランデまでの距離を計算しました。95kmを残しているだけです。税関の隣には、宿泊施設のあるレストランがありました。今晩はそこで1泊するか、あるいは、途中で夜になることを覚悟してリオ・グランデまで一気に走るか。しかし、日没後の薄明（はくめい）がまだ続いていました。リオ・グランデまで行くことを決め、その前にレストランで大急ぎで夕食を摂り、再びバイクに跨ったのは22時半、さすがにもう薄暗くなっていました。気温も大分低くなっているはずですが、胃袋にはたった今、子羊のステーキを押し込んだばかりなので、さほど寒さは感じません。

　税関から3km走り、国境を越えました。いよいよ、フエゴ島アルゼンチン領です。

　国境から、アルゼンチン側の税関の建物、サン・セバスティアン国際通行所までは、さらに12kmありました。蛍光灯の白い冷たい灯りの下で、入国手続き書に記入していたとき、旅行者がコメントを書き込む記録帳が備え付けられているのが目に入りました。パラパラと頁をめくってみました。日本人の記録はありません。そこで奮起して、日本語で書き込みました。「フエゴ島へ、一度、陸路、来てみたいと思っていました。それで、ブエノス・アイレスからバイクでやって来ました。」

　そうなのです。私がフエゴ島に送った大型の射出成型機。国道3号線をひたすら南下して、マゼラン海峡を越えてフエゴ島に渡った機械たち。それらを載せた運搬車が走ったルートを、

私は、いつか必ず自分でも走ってみよう、とずっと思っていたのです。

　税関の建物を出たときは、辺りはとっぷりとした夜の闇に包まれていました。

　ここから先は、リオ・グランデまで舗装道路です。1時間もかからずに到着できる公算だったのですが、雨が降り出しました。それもかなり強く。悲しいことに、ヘルメットにはワイパーはついていないのです。シールドに流れる雨水を手袋で払いながら進みました。旅の初日にも雨の中を走りましたが、あのときは真夏の気温でした。今も真夏であることには変わりはないのですが、南緯53度では、真夏でも真冬並みの気温です。強い雨足の中、冷え切った体でリオ・グランデの町に到着したとき、市中の何かの建物に掲げられたデジタル時計は0時30分、気温6度を示していました。

　リオ・グランデへは仕事で何度も来ていましたので、ホテルのある場所は知っていました。一番いいホテルへ真っ直ぐバイクを着けました。が、空き室なし。もうひとつ知っているホテルがありましたので、そこへ行きました。が、ここも満室。あとひとつだけ知っているホテルへ行きましたが、状況は同じ。途方に暮れました。時間はどんどん経っていきます。仕方がない、今晩はカジノで夜明かしをするしかないか。少なくとも、バスのターミナルよりは暖かいだろう、と臍を固めたとき、ホテルの人が気の毒がって、多分、あそこのホテルなら今の時間でも空き室があると思うから、と教えてくれたところがありました。

　バイクを降りてドアのブザーを押すと、中から断髪の小柄な婦人が勢いよくドアを開け、ずぶ濡れの私を認めた途端、"凍え切っているじゃないの！　さあ、入りなさい！"と叫ぶ

ように言って、両腕で私を抱きかかえて招き入れてくれました。

グラシエラという名前のその婦人は、ホテルの経営主で（ホテルを賃借りして経営している）我々に小ぶりのグラスでピスコ（チリ、ペルー原産の葡萄の焼酎）をおごってくれました。強いアルコールの液体が胃の腑に入ると、そこに火が熾きたように体の中心から暖かくなりました。2階部分にある客室は、すべて4人から6人の相部屋、バス・ルームは共同使用でしたが、冷たい雨の中、歯を鳴らして震えていたことを思えば、乾いたシーツに厚い毛布を掛けたベッドがあるだけで、もうこの上もなく豪華な部屋でした。

● 2005年1月20日

旅の7日目の朝は、寝坊しました。何しろ、就寝したのは夜中の2時半でしたから。

朝食は、宿泊客が共同で使用する台所の備え付けの什器でコーヒーを濃く入れて、これも戸棚にあったクラッカーとジャムで整えました

グラシエラと彼女の恋人ロベルトも交えて写真を撮った後、10時、リオ・グランデの工業団地に向けて出発しました。空は半分雲に覆われていて、その雲間から時折太陽が顔を覗かせると、凍った空気が少し溶け、柔らかな温かみとなって体をくるんでくれました。

工業団地は、町の中心部からウスアイア方向へ走ったところに位置しています。昨晩の雨で泥がぬかるみとなっている道を

通って、私が納めた射出成型機が設置されている工場の前まで行きました。社長か工場長に事前に到着を知らせていれば、下にも置かれない歓待を受けたでしょうが、ずっと昔に別れた恋人を、まだ忘れられずに思っていて、1日、忍んで尋ねていって、遠くからそっと姿を見たかったような、そんな思いで行きましたので、到着を知らせることは敢えてしませんでした。

　工場の前で1枚だけ写真を撮り、これで、これまでの私の移住生活に、何かの区切りをつけることができたという、静かな感慨に浸っていました。

　あてもないまま日本を出発して、走りに走って、ここまで来てしまったのだ、という。

……2000年4月、ARGENPLAS 2000というプラスティックの国際見本市にブースを出展させることにしました。会場のスペース代、陳列ケースの賃貸料、ブースの内装・外装費、などは、当時、アルゼンチン店との商いが拡大していた本社とニューヨーク店の合成樹脂部に分担して出してもらいました。アルゼンチン店が出したのは、私を含めたアルゼンチン店のローカル・スタッフたちが培った、長年の知識と惜しみない労力でした。約400社が出展したこの見本市で、ブースを出展した唯一の日本企業として業界の話題をさらいました。

　私のアルゼンチン人の主人も、面白がってブースの飾りつけを手伝ってくれました。その主人とは、アルゼンチンに移住して2か月後に結婚しました。

　私のアルゼンチン移住は、ほとんど衝動的とも言える行為でしたので、アルゼンチンに到着したときは、勿論、住む家がありませんでした。それで、ブエノス・アイレスの都心のホテルに、取り敢えず、"住む"、ことにしたのはもうお話ししまし

た。スペイン語は話せませんでしたが、イタリア語を話せました。ホテルのバーには金髪で青い目のイタリア語を話すバーテンがいたのです。私より2歳だけ年上でしたから、同じ世代を生きてきた共通の話題がありました。例えば、鉄腕アトム！　アルゼンチンでもTV放映されたこの日本の傑作アニメ……まあ、鉄腕アトムくらいしか共通の話題がなかったのですが、それでもないよりはまし。これが私の現在のパートナーであるホセとなると、ホセは私より8歳年下ですから、鉄腕アトムではなく、ウルトラマンになってしまうのです。ウルトラマンは私の弟の世代に活躍したヒーローですから、私とは馴染みが薄いのです。

　とにかく、鉄腕アトムが取り持った縁で、金髪・碧眼のイタリア人3世エンリケ氏と親しくなれました。そしてほどなく、エンリケ氏はその大きな青く澄んだ双の瞳に涙を満々とたたえながら、僕と結婚して下さい、と泣訴したのです！結婚は、当時の私の人生計画の中には入っていませんでした。が、一応、検討だけはしよう、という気持ちに傾き、2人で在亜日本大使館へ行きました。ところが、応対してくれた大使館員氏は、あなたはこの方とは結婚できませんよ、とおっしゃるのです。なぜですか？　なぜって、あなた、この方はすでに結婚なさっているからですよ。!!　……何という滑稽。Bigamia（重婚）というイタリア語の単語を知っていましたので、エンリケ氏に抗議しました。そしたら、離婚する、と。大使館を出て最初に見つけた公衆電話から、コルドバ州に住んでいるという奥さんに長距離電話をして離婚を宣言、そして本当に離婚をしてしまったのです（実情は、すでに離婚話が起きていて、離婚手続きの長い過程で双方が書類に署名するだけとなっていたらしいです。国民のほとんどがカトリッ

クであるアルゼンチンでは、1988年当時、離婚は簡単ではありませんでした。が、翌年、大統領に就任したメネムが、自分が奥さんと離婚するために民法を改定したので、比較的簡単な手続きで離婚が認められるようになりました)。それで、今度は私が決断を迫られる番です。人生に一度くらいなら結婚という経験をしてもいい。そしてまた大使館へ行きました。大使館員氏は、本当にいいんですか？　この人に騙されているんじゃないんですか？　一旦、結婚したら、この国では簡単に離婚はできませんよ、と心配してくれましたが……結婚することにしたのです。そうして両親にも知らせずに（実は、私の父は、私がアルゼンチンに移住した5日後に死亡していました。母が私にその事実を知らせてきたのは、ずっと後のことでした）敢行させた結婚の生活は、やはり、その当初から波乱含みでした。

　まず、結婚式の当日の朝、私が道を歩いていると左目のハード・コンタクト・レンズが風で吹き飛んでしまいました。予備はありません。次に、私たちの結婚を承認する2人の証人、1人はエンリケのお母さん、もう1人はエンリケの親友、でしたが、その親友が前夜から行方不明になっていました。エンリケが友人たちと手分けして捜したところ、ブエノス・アイレス第42番警察署の留置所で見つかりました。深酒して自分の名前も判らないほど酩酊し、路傍で騒いでいたところを収容されたらしいです。それでエンリケが身元保証人となって請け出してきて、お風呂に入れて貸衣装を着せ、アスピリンを飲ませて民事登記所へ引きずって行って結婚の手続きを済ませることができたのです。当事者2人と証人2人だけが出席した結婚式でした。……

大いなる川、リオ・グランデ。

　リオ・グランデ（大いなる川、という意味）を渡り、大西洋岸に沿って南東に走りました。
　Tolhuin（トルウィン）までの115kmは、村もガソリン・スタンドもありません。その間の国道3号線はアスファルト道路ですが、上り方向と下り方向の境界線すら引かれていません。ここを夜間に走ることは非常に危険だと思いました。
　内陸側は樹木のまったくない、典型的なパタゴニアの乾いた風景が続きます。その中に、たった2本、低木が並んで生えているのが見えました。北西から絶えず吹き付ける強風のために、2本の低木は、南東方向に枝葉が傾いで成長していました。
　薄茶色の背中に白いお腹、愛らしい黒い顔のジャマ（リャマ）が十数頭単位で群れています。そのうちの何頭かは、国道わきの木の柵を跳び越えたのか、国道に出ています。我々の黒いバイクは、黒馬か何かに似て見えるのでしょうか、興味津々という顔付きで眺めながら、悠然と国道を横切っていきました。
　その国道3号線が大西洋岸から離れて真南に向かって走る辺

りから、国道の両側には低い丘が連なるようになり、丘には南極ブナの木が密生している風景が現れました。しかし、低いブナの木の緑の林は、しばらくすると一面に灰を被ったような灰色の林の風景に変わりました。この辺りで頻繁に自然発生する火事で、ブナの林が焼けてしまったのでしょう。その灰色のブナ林が続く辺りから、小高い山脈を遠くに望めるようになりました。南米大陸を南北に貫いている、長大なアンデス山脈の尻尾の部分です。その尻尾を眺めながら、ひたすら南進する我々の前方に、うっすらと青く現れたのが、Lago Fagnano（ラーゴ・ファニャーノ、ファニャーノ湖）です。トルウィンの町はずれから西に104km（そのうちの13.5kmはチリ領）にわたって延びているこの湖は、南北方向の幅がたったの約7kmという非常に細長い湖です。

　1972年10月9日、アルゼンチン政府は領土法第31号を発令、ファニャーノ湖の最東部に村を創設し、その名前をトルウィンとする、と公布して、家屋20軒と小学校を建設、ここをフエゴ島の"心臓"に見立て、観光地として誘致したのです。トルウィンとは、1960年代中ごろまでこの辺りに住んでいた、Selknam（セルクナム）族の言語、Tol-wen（心臓という意味）に因んでいます。政府の目論見は成功し、ファニャーノ湖畔には数多くの宿泊施設が建設され、人口も2010年には2,626人を数え、2012年10月9日、村は自治体になりました。ファニャーノ湖を背景に記念撮影。

　トルウィンの町はずれから国道3号線は再び砂利道となり、細長いファニャーノ湖の南側の縁を這うようにして真西方向へ走っています。我々は、湖を渡って吹いてくる突風をバイクの横腹に受けて、時折、よろめきながら進む格好となりました。道の左手、つまり国道の南側にはアンデス山脈の最後尾

とも思われる山脈が、ファニャーノ湖と平行して東西に延びているのが見えます。樹木は、この辺りから背の低い南極ブナと入れ替わって、Lenga（レンガ）と呼ばれる背の高いブナの木が見られるようになりました。トルウィンから丁度40km走ったとき、Lago Escondido（ラーゴ・エスコンディード、隠れた湖）が国道の右手に現れました。そして、ここで国道3号線は進行方向をまた南に変えたのです。つまり、ここから国道3号線はアンデス山脈の尻尾の部分を越えるようにして走っているのです。

　1884年に創立されたウスアイアと、1921年創設のリオ・グランデ、フエゴ島のこの2つの都市が国道3号線で繋がれることが、20世紀前半のフエゴ島では切望されていました。しかし、2つの都市の間にはアンデス山脈の尻尾の部分が東西に延びていて、道路建設計画を阻んでいました。

　1935年の夏（夏とは、この地では12月から2月です）、道路建設監督、Luis Garibaldi Honte（ルイス・ガリバルディ・オンテ）に率いられた約60人のウスアイア監獄の囚人たちが、"隠れた湖"の地点からSierra Alvear（シエッラ・アルヴェアール、アルヴェアール山脈）に入って山の一部を切り崩すことを開始しました。オンテ監督の本名はPaca Honte（パカ・オンテ）、フエゴ島の最東南部の沿岸周辺に住んでいたManekenk（マネケンク）という種族の子孫でした。オンテ監督は、マネケンク族や近隣に住むセルクナム族たちが使っていた、アンデス山脈越えの獣道があることを、母方のお祖母さんから聞いて知っていました。

　"隠れた湖"からRancho Hambre（ランチョ・アンブレ）までの18kmは、後にEl Paso Garibaldi（エル・パーソ・ガリバル

ディ、ガリバルディ峠）と命名され、地球最南端に建設された山越えの道路として知られるようになりましたが、当初は、馬でようやく通れる程度の粗削りの細い道だったようです。車道として開通するまでには、さらに20年を待たねばなりませんでした。国道建設工事は、1948年、まずウスアイアから開始されました。そして、1956年11月のある金曜日、午後4時、国道建設管理局所有のジープがウスアイアを出発、ガリバルディ峠を越えて、翌日の午前2時、リオ・グランデに到着しました。それからさらに数日後、アラスカから水陸両用ジープを駆ってやってきたアメリカ合衆国の旅行者が、リオ・グランデを出発してガリバルディ峠を越えウスアイアに到着し、2つのアメリカ大陸を車両で縦断した最初の旅行者として記録されたのです。

　ゆるやかな勾配の砂利道を登り始めたころから、小雨が降り始めていました。
　その雨は、降ったかと思うともう止み、気が付くとまた降っている、という降り方です。
　アンデス山脈とは言っても、ここはもうその尻尾の部分ですから、ガリバルディ峠は標高450mに過ぎません。しかし、そこまでの登り坂にひとつ、La Herradura（ラ・エッラドゥーラ、蹄鉄）と呼ばれている長いカーブがあります。その呼び名のとおり約360度回るカーブです。小雨が降っていたことでもあり、スピードを落として曲がり切りました。ガリバルディ峠には展望台があり、そこから見ると"隠れた湖"は左右から張り出した山の間に挟まった巨大な瓢箪のように見えます。その瓢箪の後方にはファニャーノ湖が、細筆で銀粉をひとすじ刷いたように輝いていました。

ガード・レール越しに真下を見れば、1956年に開通した古い道路がジグザグ形を描いて下っているのが覗けます（自家用車で走っている場合、多分、これは見えないと思います。我々はバイクで走っているため目線が高いのです）。この旧道は、現在はトレッキング・コースとしてのみ利用されており、私も、過去2回、ここをトレッキングをして、オンテ監督の労苦を偲びました。

　ところで、ガリバルディ峠を過ぎてランチョ・アンブレまで降りていく途中、もうひとつ長いカーブがあるのです。下りですから、バイクでそこを時計回りに曲がりながら降りていくのは興奮します。回っても回ってもまだカーブが続いているような錯覚が起きて、途中から、わああああああー、という叫び声が口を突いて出ました。歓喜の叫びではなく、カーブを曲がりきれずに崖下に転落するかもしれない、という恐怖の喚きでした。

　ランチョ・アンブレからはアスファルト道路。7 kmほど走ると、右手にスキー場 Cerro Castor（セッロ・カストール）に入る土の道が見えてきます。さらに6 km走ると、左手に丸太小屋のレストランがあります。スペイン語で"インコたち"という意味の妙な名前を持ったこのレストランは、ハスキー犬の飼育場としても知られています。ここで少し遅いランチを摂りました。メニューはあまり選択の余地がなく、注文してすぐ、どかん、と出てくるのはグリルした羊肉です。レストランの入り口付近には、長い鉄串に刺した羊の開きを何枚も火に立てかけて焼いていますので、そこから切り取ったいくつかの塊りを、小さな炭火を入れた足付きの卓上グリルの上に乗せて供してくれます。あばら骨の部分は肉は少ないですがよく焼けていて味が濃く、肩甲骨の部分は肉が多くて食べやすく、ももの部

レストラン"インコたち"で羊肉ランチ。

分はナイフを入れるとすぐ肉が骨からはがれるほどに柔らかく、寒い中を走ってきた後の、熱い羊肉と少々の赤ワインは、お腹が空き切っていただけに、哀しくなるほど美味でした。窓の外は深い霧。レストランの、丸太で組まれた床の下を流れる早瀬の水音は、人の心に遠い過去の出来事を呼び起こします。心の奥深くに押し込んで、できることなら忘れてしまいたいと思っている出来事の数々を。

……結婚を決意してからその当日までに、私は新婚生活を始める住居探しを終えていなければなりませんでした。エンリケは、当時エンリケのお母さんの家に寄宿していたからです。新婚早々、お姑さんと同居して角を突き合わせるのはご免です。3件だけ物件を見てその中の1軒に決めました。フアン・バウティスタ・アルベルディ大通りに面した建物の地階（日本式には1階）の、1日中、陽光が射さない、寝室とリビングとキッチンの小さなアパートでした。あまり選択の余地もなかったのです。日本から持ってきたお金には限りがありましたから。それに、急いでアパートを購入するもうひとつの理由がありまし

た。こちらの方が深刻な理由で、私は移住を決心して日本を発つ前に、私のグランド・ピアノをアルゼンチンに向けて船便で発送していたのです。私がアルゼンチンに送った唯一の家財で、私が船貨証券という書類を手にした最初の貨物でした。そのピアノがブエノス・アイレス港に到着する前に、何としても住居を購入していなければならなかったのです。不動産は、パスポートを身分証明書として購入できました。しかし、日本のパスポートは更新すると番号が変わってしまうので、将来、その不動産が私の所有物であることを証明するにはどうすればいいのかな、という疑問が湧きました。が、とにかく、購入することが先決必須。その素朴な疑問を眠らせました。ベッドと冷蔵庫、テーブルと椅子4脚、照明器具を購入して住み始め、主人は、灰皿と枕、ワイシャツとズボンをボストン・バッグに入れてお母さんの家から"移住"してきました。こうして始めた11年余の結婚生活期間のほとんどを、主人は失業していました。が、私には1日の時間の大半が費やされる仕事があり、難しい仕事をやり遂げる充足感がありましたので、主人が失業していたことに不満は持ちませんでした。主人のことに関して、思い返してみて、私は主人の過去をほとんど知らなかったような気がします。お父さんはピストル自殺した、と聞いていました。しかし、主人が死んだ後、主人が保管していたわずかな書類の中から出てきた警察の検死結果には、"服毒自殺"が証明されていました。また、主人の体には200個ほどの小さな丸い火傷がありました。肉が大きく抉り取られたような傷も何か所かありました。左手の小指は曲がらず、爪がありませんでした。マルヴィナス戦争（フォークランド戦争）で負傷した、と言っていましたが、お姑さんからは、あの子はひとりっ子だから兵役免除で戦争には行っていない、と聞きました。誰にも、

人には話したくない過去のひとつやふたつはあるものですから、主人が語りたくないと思っていることを穿り出すように尋ねることはしませんでしたが……しかし、あの火傷は……多分、タバコの火を押し付けられたもので、主人は何かの理由で誰かから拷問を受けたのだ、としか考えられませんでした。そして、その誰かは、軍事独裁政権下の警察だったような気がします。

　主人には、日本の総合商社の営業の仕事がどういうものか、想像できなかったようです。海外からの出張者をアテンドしてタンゴ・ショーにお連れし、明け方に帰宅してシャワーを浴びて服を着替え、一睡もせずにまた家を出てタクシーに飛び乗り、空港に走って出張者と一緒に海外出張する理由も理解しませんでした。女がどうして夜中過ぎまで仕事をしているのだ、と毎晩文句を言っていました。主婦がどうしてこんなに頻繁に家を留守にするのだ、と毎回怒っていました。ときにはその怒りがエスカレートして、仕事なんかやめろ！　離婚だ、出ていけ！　と怒鳴り始めました。私のアパートなのに、何で私が出ていくの？　と思いつつ、深夜の夫婦喧嘩は近所迷惑ですから、ありあわせのものをひっかけて出ていきました。そして30分ほどそこらを歩き回って戻ると、ぼそぼそ何か言いながらベッドの中で泣いている主人を見つけたものでした。私に聞かせるでもないその独り言は、いつも、自殺したお父さんのことでした。

　ブース出展者の役得として、見本市の入場券が大量に手に入りました。
　アルゼンチン店のスタッフたちに分け与えたあと、なお20枚ほどが手許に残りましたので、主人に渡しました。主人は友

人たちにチケットを配り、友人たちは家族ぐるみで来場して、様々なプラスチック製品のサンプル、最も人気があったのが家庭雑貨品、を両手に抱えて嬉しそうにアルゼンチン店のブースを訪問してくれました。そのブースでは、私は商談にかかりきりでした。出展させた商品の中には、プラスチック成型機のほかに、合成樹脂部隊が促進販売させたいパッケージ用フィルムやポリマーがあり、それらの商品のメーカーからは出張者が送り込まれてきて、期間中ブースに張り付き、ニューヨーク店からも1人出張してきていました。商品に興味を持ち、その性質や価格を知りたい客とは、ブース内の応接コーナーで商談となります。私の顧客たち、機械や合成樹脂を購入してくれた、また、継続して購入してくれている会社のオーナーたちもひっきりなしにブースを訪問して私に挨拶していきます。彼らは、アルゼンチン店の社長にも挨拶していきました。

"MIDORIは素晴らしいセールス・ウーマンです。"

"僕もそう思っています。"

"ですが、残念なことがひとつだけあります。それは、彼女にはすでにご主人がいる、ということです。"

"僕もまったく同感です。"

見本市が終わったあとに、一言、主人が言いました。

"コモ・ウナ・エストレージャ・デ・シネ"（君は）映画スターみたいだった、と。

以後、主人は私の帰宅が遅くても何も言わなくなりました。

見本市の成果で、合樹商いがまた一段と伸びました。

7月、日本から合成樹脂メーカーの団体さんが1週間の予定で出張してきました。総勢8名。私と私のアシスタントを加えると10人になりました。ミニ・バスを1台レンタルして、顧客

回りをすることにしました。ブエノス・アイレスの真冬の日の出時刻は8時です。まだ星が輝いている中、ミニ・バスが迎えに来ると、主人が道路まで出て見送ってくれました。何かこそばゆい感じがしました。

　出張者たちが帰ったある朝、主人は歯茎からかなりの量の出血を見ました。歯痛は数年前から時々あり、歯医者へ行くように何度も薦めましたが、行っていたのかどうか。私は半日会社を休んで、主人を総合病院へ連れていきました。主人を診断した歯科医は内線電話でもう1人の歯科医を呼び、また1人の歯科医が呼ばれて3人が頭をつき合わせて何か相談した後で、最初に主人を診察した医師が私に告げました。"ここでは充分な治療ができませんから、ラッフォー病院かマリエ・クーリエ病院へ行って下さい"と。私は両方の病院名を知っていました。医療器具（ドイツ店が資本出資していたエンドスコープ）も売っていましたから。両方とも癌治療専門病院でした。

　そう、その日は7月31日でした。マリエ・クーリエ病院で、主人は、下顎の癌という診断を受け入院を勧告されましたが、拒否。タバコを吸えなくなるなら死んだ方がいい、という1日60本の徹底したヘビー・スモーカーでした。通院しながら薬物療法で癌を小さくしてから手術することになり、その日、歯茎の奥から癌に冒された部分が切り取られ、細胞検査に出されました。その癌の一部は、灰色の、細い回虫が丸まったような気味の悪い形をしていました。その晩からです、顎から頭にかけて主人にひどい痛みが始まったのは。痛みは病院で出された薬では治まらず、私は薬局で強い鎮静剤を購入し、主人に飲ませました。外科手術後にのみ使用されるその鎮痛剤の名前と効用を、私は仕事で使っていた医薬品辞典で知っていたのです。"象に飲ませる薬を買ってきたのかい？　でも、よく効いた。

もう痛くない。有り難う"と言って、主人は眠りにつきました。

　手術に必要な手続きをしました。手術は、癌が広がっている下顎の骨を除去して替わりに金属板をはめ込み、その金属板に歯を1本1本ねじで固定させる、というもので、手術してみて癌が喉の方まで転移していた場合は喉も切開する、とも言われました。"となると、人工声帯になるのですか？""そうです。"……手術に必要な人工装具を健康保険を利かして手配しました。主人は、私が加入している保険に私の扶養家族として追加加入させてありました。手術日は11月10日に決定。アルゼンチンでは、患者に癌告知を行います。主人は顔の造作が変わってしまうような手術は絶対に受けないと言い張りましたが、手術までにはまだ時間があり、その議論を私は手術日が近づくまで持ち越すことにしました。

　8月10日、細胞検査の結果が出て、薬物治療が始まりました。幸い、たいした副作用もなく、主人は通常の食事を摂取できていました。

　そしてあの日は、8月19日、土曜日でした。朝一番で買い出しに行った後、主人が寝ている寝室を除いた部屋の掃除をしていたとき、突然、ひどい頭痛と胸苦しさを覚えたのです。主人が寝ているベッドまで行き、倒れこみました。と、天井の一角から黒い染みのようなものが現れ、それがどんどん大きくなり、ついには天井から垂れ下がって私に覆いかぶさったのです！　身動きができなくなりました。息もできなくなりました。助けてー！　救急車を呼んでー！　スペイン語で叫んだつもりでしたが、実際には声は出ていなかったようです。気が付くと、ベッドの右側に寝ていたはずの主人がベッドの左側に来て私の足元に腰掛けていました。息苦しさはもうなく、寝室を

真っ黒に覆っていたものも消え失せていました。大丈夫かい？ 君も見たんだね？ いつもこのアパートにいるんだよ。僕が、体が弱っているから、君を守ってあげられなかった。ごめんね……何なの、あれ？ ……判らない……でも大分前から見える。大分前って、いつから？ 数年前から……。まったく不可解な現象でした。

　1週間が経ち、また土曜日になりました。私は食料の買い出しに行き、掃除をして、1週間分の洗濯物を近所のコイン・ランドリーへ持ち込みました。主人が洗濯物の袋を持ってくれました。からりとよく晴れた日で、主人はコイン・ランドリーの外の歩道に腰を降ろし、真冬の弱々しい陽光にその白い顔を向けて洗濯が終わるのを待っていました。お昼は主人の友人が経営する簡易食堂へ行き、友人が作ったラビオーリを食べ、それが主人がまともに食べた最後の食事でした。

　その晩、主人は歯茎から大出血をしたのです。救急車を呼ぼうとしましたが、主人は強い調子で、NO！ 仕方なくタクシーで救急病院へ行きました。主人はタクシーに乗り込んだのがやっとで、病院へ着いたときにはもう歩けません。それで車椅子に乗せました。血液検査の結果、赤血球値が150万/μLしかなく、すぐ輸血が施されました。400ccの血液が主人の体に吸収されると、主人の真っ白だった顔にようやく赤みが戻りました。そして、主人は自分で歩いて病院を出たのです。

　月曜日、私は会社に遅刻する連絡をして、主人をマリエ・クーリエ病院へ連れていき、癌治療の主治医の診察を受けさせました。主治医は、体の抵抗力が下がったので即刻入院を主張しましたが、主人はこれをも拒否して、〈わたくしは自分の意思と責任で医師の入院勧告を拒否したことを認めます〉という

証明書に署名したのです。

　8月26日の週は、シカゴ店機械部からの出張者を予定していました。
　シカゴ店が扱っているコンピューター断層映像撮影機をアメリカからアルゼンチンに輸出する商談に来るのです。しかし、主人の容態は悪く、輸血も翌27日にもう一度行うことになっていました。輸血は、マリエ・クーリエ病院の場合、400ccの輸血を受けた患者は1,200ccの献血を親戚・友人から募って病院に血液を返却しなければなりません。
　このため、平素、あまりお付き合いがなかった主人の親戚に連絡して献血を頼みましたが、反応はありませんでした。27日朝、私は主人が輸血を受けているベッドの隣に横たわり、400ccの献血のための採血をされていました。シカゴ店の出張者には主人の容態を話し、客先（病院やクリニック）との面談はアレンジします、そして18時までは一緒に客先回りをします、ですが、夜のお付き合いはしません、ディナーは1人で行って下さい、と断りをしました。シカゴ店の出張者が帰った9月1日金曜日の夜、主人は青紫色の液体を大量に吐きました。洗面器で受けた液体の中に、松葉を切ったような細長い断片がたくさん浮いていました。お父さんの声が聞こえる、と主人はしきりに言っていました。お父さんは何と言っているの？　苦しいだろう、って。
　そして、9月2日、土曜日。私は買い出しに行き、薬局で大人用のオムツとベビー・フードを購入し、お風呂にどうしても入りたい、という主人の希望を叶えるべくバス・タブに湯を張り、しかし、ガスの火力が足りずお湯は充分熱くならないので、大鍋に何杯もお湯を煮立ててバス・タブに空け、ふらつく

主人の大きな重い体を支えてバス・タブまで誘導したとき、主人の目がもう見えなくなっていることに気が付きました。胸が詰まりました。再びベッドに主人の体を横たえると、"寒いから抱いてくれ"と。主人に添い寝しました。お湯に浸かって暖まったはずの主人の体は氷のように冷たく、ああ、今、まさしく、この人は死んでいくところなのだ、とはっきり判りました。その途端、私は逆上しました。

"エンリケ、あなた、今、死んでいくところなのね。""うん、そうだよ。""私、あなたが死んでいくのをこのまま見ているのはいやよ。そんなの、ひどいわよ。入院もしないで。救急車も呼ばせてくれないで。私はどうすればよかったのよ？　私、出ていくわよ。悪いけど、出ていくから。ごめんね。本当にごめんね。でも、1人でいって。皆、1人でいくのよ。あなたも、そして、いつか、私も。"

私はアパートを出て、2時間、真っ青に澄み切った空の下をあてもなく歩いていました。明るい午後の陽光が町に満ち満ちていましたが、私の歩いている周囲だけが陽が翳り、あの黒い影で覆われているような気がしました。

アパートに戻ったとき、主人は死んでいました。ベッド脇の電気スタンドに右手を伸ばしたまま、こと切れていたのです。電気スタンドは点灯して、ベッドのサイド・テーブルには、火の付いていないタバコが1本転がっていました。タバコを吸おうとして取り出し、ライターが見つからないので電気を点けたとき、息絶えたのでしょう。体中から、口から、鼻から、そして多分、肛門からも、青紫色の液体が吹き出ていて、床にたまっていました。何をしたらいいのか……私は救急車の出動を要請し、救急車は5分で到着しました。救急隊員は主人の死亡を確認し、私から事情を聴いた後、ベッドのサ

イド・テーブルに置かれた薬箱を手に取って見て、そして私に告げたのです。
　"奥さん、ご主人は誰も見ていないところで死んでしまったため、本来なら僕らは警察に通報しなければなりません。警察は遺体を解剖して、死因が他殺でないことを証明しなければならないのです。でも、ご主人が服用していた薬は末期癌の患者が飲む薬で、しかも、奥さんは日本人で、奥さんがご主人を殺したのではないことは、僕らにも信じられます。ですから、ご主人は、奥さんの目の前で奥さんに看取られて死んだ、という証明書を書くことにします。"
　救急隊員の咄嗟の厚意で、私は殺人の容疑を免れました。
　その晩、アパートから100m離れたところにある葬儀屋でお通夜をしました。アルゼンチン店のスタッフたちには知らせませんでした。よく晴れた穏やかな土曜日だったからです。連日の残業から解放される貴重な1日を、家族とゆっくり過ごして欲しかったからでした。

　月曜日、普段のように出社して事務所を開けました。
　社長が出社していらしたので、社長室へ行き、主人が死んだことを告げました。
　ああ、旦那さん、死んだ……呻きのような声をもらし、社長の顔が目が、みるみる真っ赤になりました。会計士が出社してきましたので、会計士室へ行き、彼女にも主人の死を告げると、彼女はおろおろと泣き出しました。（みんな、どうしたというの？　私は泣いていないのに。）10時半ころまで仕事をしていました。が、なんだか腹立たしい気持ちになり、早退してしまいました。この期に及んでまだ仕事をしている自分に腹を立てたのでした。翌日が告別式でした。葬儀屋から出棺。主人

の遺体は私のアパートから車で30分ほどのところにあるチャカリータ墓地で火葬にする手はずを土曜日にし終えていました。ところが、墓地に到着し、火葬執行の書類にサインする段階になって、事務員が、"奥さん、お気の毒ですがあなたの一存ではご主人は火葬にできませんよ"と言うのです。"なぜですか？""ご主人は再婚ですね。""そうです。""最初のご結婚でお子さんを2人作られており、そのおふたりがすでに成人しているので、その2人の承諾がなければ火葬にできないのです。""2人はコルドバに住んでいます。義母から連絡してもらいましたが、到着していません。来るかどうかも判りません。ですから火葬にして下さい。""だめです。おふたりが遠隔地に住んでいるので来られないというのであれば、そのおふたりがコルドバの公証人事務所へ行って、お父さんを火葬にすることを認めます、という証言をし、その書類がここに送られて来なければ火葬にはできません。""そんな書類を待っていたら、何日も経ってしまうではないですか。主人は土曜日に死んだのですから、もう3日目です、いくら冬でも死体が腐ってしまうではないですか！"と言ってから、この国ではクリスチャンは、キリストの復活に因んで死者の魂は遺体に戻ってくることを信じるので、遺体を土葬にするケースが多いことを思い出しました。

　裕福な家族は大理石造りの死者の家を持ち、お棺をその家の中に安置するのです。死者の家は地下何階までもあり、遺体は古い順に下から安置されていきます。

　エンリケのお父さんの遺体を収めたお棺もそのような大理石の家に安置されていました。が、数年前、誰かエンリケの親戚が死に、お棺を安置するスペースがもうないので、エンリケのお父さんのお棺を出して火葬にするように、とエンリケの叔父

さんが言ってきました。エンリケは当時、膝を骨折して松葉杖の生活で、そして失業していましたから、火葬にする費用は私が出しました。会社を休み、1人では外出できないエンリケに付き添ってチャカリータ墓地のお父さんが眠っている死者の家へ行き、お父さんのお棺を出して、2人きりで荼毘に付したのでしたが……あのとき、死者の家の通気孔から、何とも形容のし難い臭いが吹き出ていましたが……あれは、ときを経てゆっくりとお棺の中で土と化していく死者たちのよどんだ臭いだったのでしょう。

お通夜の会場で葬儀屋から、遺体をどこへ運べばよいか尋ねられ、当然のように、チャカリータ墓地の死者の家です、と答えた途端、エンリケの叔父さんが私の後ろから顔を出して、エンリケはあそこには入れない、あそこはエンリケのお祖母さんの実家のお墓だから、とあわてて私の思い違いを訂正したのでした。では、コルドバから書類が到着するまでエンリケの遺体をどこへ置けばよいというのか……とにかく、もう今日でおしまいにして欲しい、と思いました。それで、"ちょっと外でお話しさせて頂けませんか"と言って、事務員を事務所から連れ出し、廊下の隅まで引っ張っていって、100ペソ札（当時、100ドル相当）を小さく折り畳んだものを黙って事務員の手に握らせました。"分かりました。奥さんは外国人だから特別に処置します。"

こうして主人は灰になりました。

まだ暖かいその灰を持ち帰り、リビング・ルームを丸々占拠しているグランド・ピアノの上に置きました。しかし、灰の入ったその壺が目に入るたびに、これは本来ここにあるべきものではない、という思いが募り、火葬から4日目の土曜日、私

は主人の遺灰と、主人のお棺の蓋にかけられていた十字架を持ってブエノス・アイレス仏教会に駆け込みました。仏教会では地下墓地にお墓が丁度2つ空いていましたが、クリスチャンであった主人の遺灰をそこに安置することには、当然、反対されました。ですが、私は、この世に神は唯一（ひとつ）です、それをキリストと呼ぼうが、仏陀と呼ぼうが、マホメットと呼ぼうが……、そう主張して住職の了解を取り付けたのです。こうして、主人はブエノス・アイレス仏教会に眠る唯一のクリスチャンとなりました。

　それから何週間か経った土曜日、私がアパートの中庭に置いてある長櫃の中身を整理しようとして蓋を開けた途端、中から子犬のような黒い影が飛び出して、どこかへ消えました。背筋がぞっとしました。主人が死ぬ2週間前の土曜日の記憶が蘇ったからです。長櫃には、主人のお父さんの遺体のお棺にかけてあった十字架がしまってあったのです。お父さんの遺体を火葬にしたとき、お棺の蓋にかかっていた十字架を主人は持ち帰り、ベッドの自分の頭の上の壁にかけました。そして主人が死んだ後、私はその十字架を壁から外し、綺麗な紙で包んでカトレアの造花で飾り、長櫃にしまったのでしたが。私は十字架を抱えてまた仏教会に走りました。仏教会にとっては2人目のクリスチャンです、いい顔をしてくれるはずがありません。しかし、黒い影の話を聞いたとき、住職は私の顔をじっと見つめ、"あなたも苦労しましたね"と言い、主人の遺灰と十字架を安置したお墓を開けて、そこにお父さんの十字架も安置して、そしてお経をあげて下さったのでした。それっきり、黒い影は現れていません。二度と現れて欲しくないです。

10月に入り、また本社の合樹部隊から出張者がやってくるという知らせを受けました。しかし、私はあとひとつだけやり残した仕事を片付けたら、たまりにたまった有給休暇を使って2週間ほど日本へ一時帰国しようと決めていました。合樹部隊には、顧客との面談はアレンジしますが、顧客回りはアシスタントと行って頂きます、と返答しました。が、合樹の責任者からは、アシスタントではだめです、ミドリさんに引き回してもらわないことには商いがうまくいきません、と言ってきたのです。もう、いい加減にして欲しい。私がいなくても商売できるでしょう。もし、私がいなくなって、それで商売もなくなったとしても、もともとなかった商売を私が作ったのだから、元に戻ったというだけのことではないか！　私は出張者のアテンドをアシスタントに任せ、私のデスクから動きませんでした。

　そして、日本に一時帰国する前に、どうしても片付けなければならなかったという仕事、それが、あの、ラ・プラタのフリー・ゾーンに保管してあった機械を出して、あの、地の果て、フエゴ島、火の陸地、へ運び込むという大仕事だったのです。……

"君の心は、今、どこを走っていたのかな？"
　ホセが目をまたたかせて、私の心の奥に映っているものを見透かすように見つめていました。
"さあ、ウスアイアまではあと30kmだよ。頑張ろう！"
　再び、降るともなく降っている雨の中に走り出ました。
　カーブが続きました。黒い山肌をした低い山脈は、ところどころに万年雪を抱き、白銀の筋を霧の中に見え隠れしています。いえ、霧ではなく雲です、雲が低く垂れ込めているので

す。その黒の谷間には、赤茶色をした湖沼が広がっています。Turbera（トゥルベーラ、泥炭沼）です。トルウィンからこの辺りにかけては、泥炭の産地です。氷河の後退の後に出来た湿潤な盆地で、長い年月をかけて植物が腐敗・炭化したこの辺りの泥炭は、年間平均気温が5度という寒い気候のために、100年で10cmほどしか形成されません。古くは、原住民が採取して乾かし燃料として使用し、今日では、土の代替品として造園に使用されています。

　二等辺三角形の姿をなして聳え立つ、標高1,326mのオリヴィア山の南西山壁の横を走り抜けると、もう、ビーグル水道が見えてきました。

　水道を隔てた対岸には、チリ領Isla Navarino（ナヴァリーノ島）の黒い島影もうっすらと浮かび上がって見えました。

　イギリス王国海軍の2艘の帆船、HSMビーグル号とHSMアドヴェンチャー号が、フィリップ・パーカー・キング少将を総司令官としてプリマス港を抜錨し、南米の極南海域に向かったのは、1826年5月22日のことでした。ポルトガル人マゼランが、マゼラン海峡を発見してから約300年の年月が流れていました。2艘は大西洋を南下しリオ・デ・ジャネイロを経由して、同年12月20日、マゼラン海峡の入り口に到着し、海峡を西航して、翌1827年1月初頭、チリ領プンタ・アレーナスに近いプエルト・デル・アンブレに碇泊、ここを基地として周辺海域のフィヨルドや群島を綿密に探検しました。

　1828年8月12日、ビーグル号の艦長プリングル・ストークスが死亡（うつ病が原因のピストル自殺）。ビーグル号の副艦長であったスカイリングが暫定的に艦長任務を務めますが、ほどなく、弱冠23歳の海軍大尉、ロバート・フィッツ・ロイが

新たに艦長に抜擢されました。

1830年4月のある日、フィッツ・ロイは海軍大尉マレーに、ナヴァリーノ島の南側に位置するナッサウ湾の北の部分の探検を命じました。

マレーはまず、ナヴァリーノ島と、それに隣接するIsla Hoste（オステ島）とをわずかに隔てている細い水道があることを発見し、これにマレー水道と命名します。さらに、マレー水道がそそぎこんでいる、その幅約2.7海里（約5km）の、視界が及ぶ限り東西にわたって真っ直ぐに伸びている、もうひとつの水道があることを発見したのです。この水道が、ビーグル号に因んでビーグル水道という名前の洗礼を受けたのでした。

フエゴ島のウスアイア港と、ナヴァリーノ島のナヴァリーノ港を隔てている部分のビーグル水道の幅は約10kmはあるでしょう。

2009年1月、我々が2度目にバイクでウスアイアを訪れたとき、ウスアイア港から4〜5人乗りのボートでビーグル水道を渡り、ナヴァリーノ港からナヴァリーノ島に上陸しました。そこから我々がフエゴ島方面を眺望した大自然の光景は、マレー大尉がビーグル水道を発見したときに見た風景とほぼ同じだったと思います。神々しく、ときとして禍々しく。しかし、ビーグル水道の対岸線に見えたものは、当時は、先住民のジャマナ族が熾こした焚き火だけだったでしょうが、今日では人口約6万のフエゴ島住民の家屋と、ビーグル水道に面したウスアイア工業団地の建物群が、灰色の水道の対岸線をびっしり埋め尽くして白い筋となって見えました。

ブエノス・アイレスを出発して7日。ウスアイアへ到着。

　その工業団地とビーグル水道を背景にして記念撮影をした後、ゆっくりバイクを走らせて、ウスアイアへの到着の喜びと感激を噛み締めました。

　南緯54度48分26秒。

　天と地と、空と海との境界が判然としない、雨が降り、すぐ止んで太陽が顔を出し、またすぐ雲が垂れ込めてきて降り出す、いく筋もの氷河が走る黒い岩肌をしたアンデス山脈は、"神々しく、ときとして禍々しく"見え、その山脈の麓とビーグル水道との間のわずかな斜面の土地に、細長く広がって発展した、地球最南端の都市、ウスアイア。

　ブエノス・アイレスを出発して7日。途中、何か所か寄り道をしたため、ここまでの総走行距離は3,597kmとなっていました。

　ウスアイアの町を一旦、通り過ぎ、我々は西に向かいました。

　目指したのは、ウスアイアから23km、国道3号線の終着点、Lapataia（ラパタイア）です。

　ウスアイア郊外に出ると、そこからは未舗装道路、約6km

走ると、右手に"世界の果ての駅"が見えてきます。地球の最南端を走っている列車の駅です。

　1902年から1947年まで、その機能を果たしていたのがウスアイア監獄。そこで、炊事や暖房、建築用に使用される木材を囚人たちに伐り出させて運ぶ目的で、囚人たちの労働によって敷設されたこの鉄道は、丸太を伐り出し尽くすごとに森林の奥地へと延長されていき、最長時には25kmありました。

　監獄が閉鎖されると、1952年に鉄道の運行も中止されました。が、1995年、イギリスから購入した蒸気機関車と国産のディーゼル機関車を使用して、走行距離を8kmに短縮した観光用に運行が再開されたのです。列車は、ピーポ川に沿って森林の中へ入っていきます。"ラ・マカレーナの滝の駅"を経由して約8kmを走り、再び国道3号線上に出て"公園駅"に到着。国道3号線上の距離にしてウスアイア郊外から約11kmにあるこの駅。ここに、広さ約6万9,000haのフエゴ島国立公園への入り口となる料金所があります。乗客はここで列車を降り、ミニ・バスで公園内を観光するもよし、また、列車で来たときと同じルートを辿れば、始発駅に戻れます。

　我々もフエゴ島国立公園料金所を通過しました。国道の道幅は次第に狭くなり、道路の両側には南極ブナやレンガブナの森が迫って、道は薄暗くなりました。ピロート川とラパタイア川に架けられている橋は、粗末な木の橋。1車両ずつしか通行できず、対向車があるときは、その車が通過し終えるまで待たねばなりません。橋は、車両の左右のタイヤが丁度そこを踏んで通れるように、タイヤ間の幅に合わせて木の板が厚く補強され、高くなっています。バイクの我々は、その補強された片側の板の上を、板から外れて落ちないように走って渡ることになります。ホセの技術の見せどころ！　クリア！

国道は、やがて、ラパタイア国家警備隊の詰め所の横を通ります。詰め所には、親指と、人差し指、中指の3本を使って土くれを摘まみ上げて作ったような、標高639mの特徴のあるグアナコ山を背景に、ピンクと紫のルピナスの花が咲き乱れていました。

　しばらく走ると、突然、視界が開けました。Lago Verde（ラーゴ・ヴェルデ、緑の湖）の湖畔に出たのです。Laguna Negra（ラグーナ・ネグラ、黒い湖沼）を遠望してさらに走ると、ついに、ラパタイアの入り江が見えてきました！

　南緯54度51分19秒。国道3号線の終着点。

"ブエノス・アイレスから3,063km、アラスカから17,848km。"

● 2005年1月21日

ウスアイア

　ウスアイアでは2泊することに決め、翌日は、Estancia Harberton（ハーバートン牧場）へ行くことにしました。

　イギリス人、トマス・ブリッジズが創設した牧場です。

　ウスアイアから国道3号線をランチョ・アンブレまで40km戻ると、道が二手に分かれます。真っ直ぐ行けば、昨日、通ってきたガリバルディ峠へ出ますが、そこを右手に折れて未舗装道路を東に約1時間、43km走りました。昨日にも増して寒い日で、時折、みぞれ混じりの雨が降りつけ、空は灰色一色に塗りこめられていました。道の両脇にはレンガブナの森が生い茂り、広がった枝葉はアーチを造って道に覆いかぶさり、時折、灰色の空をも隠しました。

1844年ころ、イギリスのブリストルのとある橋の上で、アルファベットの"T"の文字がいたるところに刺繡された服に包(くる)まった捨て子が発見されました。トマスと名付けられたその子は、ジョージ・デスパード牧師に養子として引き取られます。トマスは、橋の上で命を拾われたことに因んで、後年、自らブリッジズという姓を名乗るようになりました。1856年、デスパード牧師はイングランド国教会・パタゴニア伝道団としての使命を帯びて、マルヴィナス諸島のケッペル島に妻子とトマスを連れて移住します。フエゴ島とビーグル水道周辺に住むジャマナ族を、当時、先住民がいなかったケッペル島へ連れていき、そこでキリスト教に教化させ、白人社会の習慣に感化させる、というのが彼が帯びていた使命でした。トマス少年は、ケッペル島でジャマナ族たちと生活をともにするうちに、次第にジャマナ族の言語、Yagán（ジャガン）を習得していきました。

　1859年、デスパード牧師は、3年間の教育で、すでに充分にキリスト教と西欧文化に教化されたと思われていた、ケッペル島に隔離していたジャマナ族たちを船に乗せ、ナヴァリーノ島に送り込みました。彼らを使って、今度はナヴァリーノ島に住むジャマナ族たちを教化させようという試みでした。しかし、船がナヴァリーノ島に到着し、島で最初に行われたキリスト教の儀式の真っ最中に、9人の伝道師たち全員が、ナヴァリーノ島のジャマナ族と、ケッペル島から送り込まれたジャマナ族によって惨殺されてしまいます。デスパード牧師がその事実を知ったのは、事件から2年も経った後でした。デスパード牧師は失意し、ミッションを放棄して帰国。しかし、トマスはケッペル島に残り、引き続きジャマナ族たちと生活しながらさらに

ジャガンをマスターしていきます（1879年、トマスは3万語以上のジャガンを網羅した辞書を完成させます）。

その後、イギリス国教会の南米伝道会は、ウエイト・スターリングをパタゴニア伝道団の新たな監督としてケッペル島に派遣しました。1863年、トマスを伴ったスターリングはフエゴ島に初めて上陸するのです。フエゴ島に住んでいたジャマナ族にとっては、トマスとの出会いは、自分たちの言葉を話す最初の白人との出会いでした。

トマスの語学力は、フエゴ島に住むジャマナ族たちに、伝道師たちの目的を説明し理解させるのに充分でした。フエゴ島のジャマナ族たちを、抵抗なくケッペル島へ連れていき、そこで大工の仕事を教え、野菜栽培の仕方を手ほどきするかたわら、キリスト教の道を教え込んでいったのです。

スターリングは、その後、一旦本国へ帰国した後で、再びケッペル島へ戻り、今度はフエゴ島に住むことを考えました。それには、船が碇泊できるための天然の港に恵まれ、農墾にも適した土地が備わっていなければなりません。スターリングが選んだ場所はウスアイアでした。長さ6m、幅3mのプレハブ住宅がポート・スタンレーから取り寄せられ、1869年1月、ウスアイアの入り江に3つの部屋を持つ小屋が完成、スターリングはここで6か月間、ケッペル島で訓練されたジャマナ族の何人かと生活します。伝道団の船が定期的に訪れて監視を続ける中での生活でしたが、この功が高く評価され、スターリングは同年12月、マルヴィナス諸島（フォークランド諸島）初の司教に昇進。一方で、トマスはスターリングとは一緒には住みませんでした。イギリス国教会の命令でイギリスに一時帰国させられていたのです。1869年8月7日、トマスはハーバートン出身のメアリー・アン・バーダーと結婚、その2日後にはもう、新

婦を伴ってケッペル島に向かっていました。10月、トマスは伝道団のほかの家族たちとフエゴ島ウスアイアに渡り、小屋を建設。1871年8月17日、メアリー・アン夫人とケッペル島で生まれた娘メアリーを連れてケッペル島を出航、ビーグル水道を西航して9月27日、ウスアイアの港に到着し、フエゴ島での生活を開始したのです。これで、イギリス国教会のパタゴニア伝道団の使命は完遂しました。

一方、アルゼンチン政府は、1884年、最初のフエゴ島探検隊を派遣。ウスアイアに到着したとき、そこに伝道団家族が先住民と生活しているのを発見しました。政府は、統治権を主張してウスアイアに副知事を置きます。1886年、トマスはブエノス・アイレスへ乗り込み、アルゼンチン政府と交渉。政府は、トマスらが行った先住民の教化の仕事の労苦を認め、ウスアイアのミッションを閉鎖する代償として、アルゼンチンの永住権と、ウスアイアから直線距離にして約60km東方、ビーグル水道の入り江に面した場所に2万haの土地を与えることを国会で決定したのです。

トマスはその土地に、はるばるイギリスから自分を信じて嫁して付き添ってきたメアリー・アン夫人に敬意を表し、夫人の郷里の名前を付けました。必要とされた住居・家屋は、本国イギリスのハーバートンで建築業を営んでいたメアリー・アンのお父さんがプレハブ住宅を製作し、牧場経営に必要なほかの物資とともにハーバートンの入り江へ送り込みました。こうしてフエゴ島・ハーバートンは、ビーグル水道周辺で最初の畜牛・畜羊の牧場となったのです。しかし、それからしばらくして、フエゴ島に金探しの熱が沸騰しました。ゴールド・ハンターたちによる先住民の殺戮が始まり、フエゴ島のジャマナ族は激減、ほとんど絶滅してしまうのです。

ハーバートンの入り江に面した家屋がひとつ、日帰りでハーバートン牧場を訪れた観光客たちに簡易レストランとして開放されており、そこで簡単なランチが摂れます。
　日替わりメニューは羊のシチュー。羊肉を美味しく頂くために、赤ワインを1本注文しました。レストランの暖房はほとんど利いておらず、凍えきった両手を暖めるには、こすり合わせるより、ガラスのコップになみなみと注いだ赤ワインをまず1杯、無造作に胃袋に流し込むに限ります。それに、今日は、我々にとっては旅の休日です。日没までに、宿とガソリン・スタンドのある次の町まで走らなければならない、という緊迫感から解放されて、ゆっくり、時間をかけてワインを楽しみました。
　そして、重い灰色の空の下、灰色のビーグル水道の水のほとりに、白壁に赤い屋根で統一されたハーバートン牧場の十数戸の家屋群を眺めながら、捨て子トマスの数奇な人生と、フエゴ島のジャマナ族の悲痛な運命に思いを馳せていました。家屋群は、建設当時のオリジナルが保存されています。入り江からすぐ持ち上がって北東に広がっているゆるやかな土地の斜面に立てられた家屋群の庭園には、ピンク、紫、青、赤、白、と様々な色合いのルピナスの花が、夏と呼ぶにはあまりにも冷たい空気の中で、その長い花穂を真っ直ぐに灰色の空にそばだてて、ひたすら可憐に咲き群れていました。

　ハーバートン牧場から望むことができるビーグル水道の対岸は、ナヴァリーノ島ウィリアムズ港の辺りです。
　2009年1月、ナヴァリーノ島へボートで渡った我々は、ナヴァリーノ港からビーグル水道に沿って延々と東に延びている

細い砂利道を、現地の車で54km走り、ウィリアムズ港へ着きました。南緯54度55分59秒。

ビーグル水道の水際から、低い山の斜面を蛇が這うように通りが何筋も敷設され、そのゆるい傾斜の坂道には小奇麗な住宅が整然と並んでいました。長いくねくねした通りを登り切ったところに町の中心部が発達しています。人口は、ウィリアムズ港も含めたホーン岬自治体地区全体で、当時、2,262人。ウスアイアが地球最南端の都市であるなら、ウィリアムズ港は地球最南端の町と言えましょう。ホテルの部屋では、真夏にもかかわらず、昼夜を問わず暖房なしでは過ごせないほど、湿気を多分に含んだ耐え難い寒さでした。

翌朝、町の中心部から、その長いUの字を潰して横にしたような坂道を、東に行き西に行き、また東に行き、してビーグル水道の水際まで歩いて降りていきました。最後の長い坂道、Patrullero Ortiz（パトゥルジェーロ・オルティス）通りを降り切ると、Avenida Costanera Ukika（アヴェニーダ・コスタネーラ・ウキカ）に出ます。このウキカ沿岸大通りを通って町の東のはずれまで行くとウキカ川があり、ウキカ川に渡された木製

ナヴァリーノ島、ウィリアムズ港。最後の長い坂道を降り切ると、ウキカ沿岸大通りに出ます。

のウキカ橋を渡ると、ウキカ村の入り口に着きました。

ウキカ村には、ナヴァリーノ島のジャマナ族の子孫たち12家族、約50人が生活していると聞いてやってきたのです。その中に、クリスティーナ・カルデロン81歳（2009年1月当時）が、ジャマナ族の純粋な血統を保っている（つまり、混血していない）最後の1人として、いまだ元気に暮らしているそうです。彼女は、ジャガンを話す最後の1人。2003年、ユネスコが無形文化遺産に登録し、2009年、チリ文化芸術協議会は彼女を"人類の生きている宝"に指定しました。

ウキカ村のウキカ公園には、ジャマナ族の子孫たちが作製した民芸品を売っている、先住民の家、というのがありました。石を楕円形に1mほど積み上げて作った低い壁、屋根から2枚接ぎで垂らした無数の長い木片、レンガブナの樹皮を長く剝したもの、が、円錐形を作って石の壁を覆っています。遊牧民族が使用する"パオ"のような形をした小屋でした。しかし、小屋は観光客用に建てられたもので、実際にジャマナ族の子孫たちが住んでいる家屋は、さらにその先にある狭いくぼ地の一角にありました。十数軒の、それぞれ損傷程度の違う大小さまざまな形態をした家屋が、これだけは共通の錆びたトタン屋根をひしめき合わせるようにして乱雑に建っていました。一見して素人が建てたと思われる家屋群。近くにはゴミ集積所があるのか、強風で舞い上がったゴミのビニール袋がたくさんこの一角に吹き溜まり、頭と体が小さいカラスが気味悪く群れていました。

飛行場まで装備されたウィリアムズ港、ヨットが何隻も浮かび、美しい容姿の帆船（多分、海軍の練習用の）が凛々しく碇泊している場所から、ほんの2kmほどしか離れていません。しかし、同じビーグル水道に面したその一角だけが、浮き立つ

ようにいかにも貧しく、ジャマナ族が過去の歴史の中で負った受難を、ジャマナ族の子孫たちが、今なお、ここで負い続けているように思われて、何とも痛ましい気持ちになったのです(2013年、チリの住宅及び都市計画庁は、ウキカ村・ジャマナ族の子孫たちの住居を改善するための費用10億ペソ、約200万ドル相当、を予算に計上しました)。

第II部

フエゴ島〜ブエノス・アイレス
Tierra del Fuego 〜 Buenos Aires

● 2005年1月22日

　1月22日、土曜日。旅の9日目。今日からは帰路の旅。
　まず、フエゴ島チリ領Porvenir（ポルヴェニール）から艀でチリのPunta Arenas（プンタ・アレーナス）へ渡ることにしました。
　ポルヴェニールから出る艀は、週日は朝9時出航の1便があるだけ。これに乗るためには、前夜、ポルヴェニールに宿泊しなければなりません。しかし、週末には、19時出航の便もあることが判りました。ウスアイアから、リオ・グランデ、サン・セバスティアン税関を経由して約450km。そのうちの224kmが未舗装道路ではありますが、19時の出航時間までには充分走り切れる距離です。リオ・グランデで最後の給油をするとして、そこからポルヴェニールまでは237km。我々のトランザルプがぎりぎり走れる距離です。予備として持っている4リットル入りポリタンクのガソリンも計算に入れれば、ガス欠を心配する距離ではありません。転倒時に引火する危険の心配がありますが、何もかも満足させることはできないのです。どこかで何かを妥協させるしかない。我々がひた走っている人生の旅と同じです。
　7時半。気温7度。出発。高台にあるホテルの駐車場から、ブレーキを利かせながら急坂を降り、ウスアイア湾に沿って走るマイプー大通りに出て、ウスアイア海軍基地に碇泊する軍艦の横を走りぬけ、ビーグル水道を東に向かって出航していく漁船を沖に見ながら、ゆっくりバイクを走らせ、ウスアイアの町

との別れを惜しみました。そして、国道3号線に乗り、再びオリヴィア山の横腹を走り、ランチョ・アンブレからガリバルディ峠を越え平野に出た途端、またもや、北西から吹きつける、パタゴニアの凄まじい強風に見舞われました。107km走り、トルウィンの村に着いたとき、骨まで凍らせる寒さにはもう1分も耐えがたく、申し合わせるまでもなく国道を降りて村に入り、熱いコーヒーを求めていました。パン屋で軽食堂も兼ねている大きなお店に入って、ヘルメットを脱いだとき、蒼白な顔面の中で両の目だけが赤く充血し、鼻水が垂れ、手の指はかじかんで紫色、足の指に至ってはどうなっているのか感覚もない。この状態から回復するには、コーヒーだけでは到底無理。ブランデーの小瓶を2本買い求め、その琥珀色の液体を半分まで胃袋に流し込んだところで、ようやく人心地がつきました。

　サラマンドラと呼ばれる薪ストーブの熱と、アルコールが燃えて体の内側から発する熱とで、すっかり体温を回復した我々が、再びバイクに跨る気になったのは、もう10時をまわっていました。

　トルウィンからサン・セバスティアン税関までの195kmはアスファルト道路。途中、リオ・グランデで給油のためにバイクを降りたとき、ガソリン・スタンド付設の簡易食堂で、Empanada（エンパナーダ）を食べました。エンパナーダとは、英語で言うところのターン・オーバー。大きめの餃子風の皮に具を入れて閉じたものを、オーブンで焼いたり油で揚げたりして食べるアルゼンチンのスナックで、具は牛肉であったり、鶏肉であったり、ハムとチーズとか、白トウモロコシをホワイト・ソースで煮込んだもの、など。このときに食べたエンパナーダは、いかにもフエゴ島にふさわしく、羊の肉をナイフで

フエゴ島、アルゼンチン領土側サン・セバスティアン税関。

大雑把に刻み、これも大雑把に切った玉ネギと赤ピーマンを混ぜて炒めた具が入った逸品でした。オーブンで焼き上がったばかりのあつあつのひとつを手で摑んでかぶりつくと、中からジュッと赤い肉汁がこぼれ出したのが美味で、肉汁が赤いのは、甘口唐辛子の粉をふんだんにシーズニングに使っているからでしょう。それを3個食べると、私の胃袋はもう満足していました。

　サン・セバスティアン湾に面したアルゼンチン側サン・セバスティアン税関で出国手続きをし、15km走って、チリ側サン・セバスティアン税関で入国の手続きをしました。そこからほとんどの車両が、チリ国道257号線を辿ってフエゴ島チリ領の内陸部を北上していく中で、我々だけが州道71号線を西に向かっていました。従って、我々を追い越していくトラックはなく、砂利を跳ね飛ばされることもありません。Onaisin（オナイシン）までの内陸部42kmを走り、さらに10km走ってCaleta Esperanza（カレータ・エスペランサ、希望入り江）に出たころには、空のところどころで雲が千切れ、太陽が時折、思い出したように顔をのぞかせて、ひた走る我々の体の上にも、暖かな光の恵みを送ってくるようになりました。しかし、強風

はコバルト・ブルーの海水に白い無数の三角の波頭を沸き立たせ、希望の入り江の波打ち際から、砂利混じりの乾いた土の道が、茫々とはるか彼方まで続いているのが見えたとき、一旦、走るのを止めました。バイクから降り、ヘルメットの顎を持ち上げて開けると、ひゅるひゅると音を立てて風が海側から渡ってきて息をふさぎます。空と、海と、風と、そして、我々2人だけ。ミネラル・ウォーターを少し口に含んでのどを湿し、ポルヴェニールまでの90km、孤独な道程を走り通す覚悟を固めて、勢いよく波打ち際へ走り降りていきました。

　希望入り江を走り切り、Cabo Boquerón（カーボ・ボケロン、背黒イワシ岬）という名前の岬を回ると、マゼラン海峡は西側、左手に見えてきて、そこから道は進路を北に変えました。
　と、そのときです、マゼラン海峡の方向から、とてつもなく巨大な黒雲が、逆円錐状の形を成して海の上を渡ってこちら側に進んでくるのが見えたのです。それが巨大な竜巻であることを悟るには、ものの1秒とはかかりませんでした。大抵の物事には動じない我々も、これには仰天、あんなものに巻き込まれたら、バイクもろとも空高く巻き上がり、マゼラン海峡の藻屑となり果てる！　それはそれで、人生のひとつの終止符でしょうが、しかし、あまり華々しい終局(エンド)とは思えません。第一、まだ人生を止めたいとは思っていませんでした。ホセ！　早く、もっと早く‼　と、インターコムを通してホセに叫びかけ、急き立てて、転倒せずに走れる限度一杯の速力で走り続けたのです。竜巻は、我々の走り去った後方に上陸。大自然の脅威から何とか逃げ切ることができました。が、巨大なスクリューのような形をした銀色の雲が、なおも地上近くの空を這い、今にも我々めがけて突き刺さってきそうな不気味さが続いてい

ました。

　午後5時。ポルヴェニールへ到着。
　艀が出航するBahía Chilota（バイア・チロータ）は、さらに5km先でした。
　波止場には、艀はまだ到着していません。
　今朝9時にこの波止場を出航した艀、Melinka（メリンカ）号は、約2時間半かけてマゼラン海峡を渡ってプンタ・アレーナスに到着し、折り返しバイア・チロータへ戻って来て、19時に再びここを出航する、というピストン航行をしているのですが、それがまだ戻ってきていないのです。
　波止場には人も車もなく、たった1軒ある小さな喫茶店も、乗客が集まっていないので閉まっています。ポルヴェニールの町まで戻れば、オープンしている喫茶店も軽食堂もあるでしょうが、走りに走って命からがらここまで辿りついたという実感があり、たとえ5kmといえども後方に向かって走る気が起こりません。所在ないまま待つこと30分。喫茶店が開き、ようやく熱いコーヒーにありつけました。ところで、チリ国のコーヒーというのは、挽き立ての豆の粉から抽出される香ばしいコーヒーではなく、大抵ネスレのインスタント・コーヒーなのです。これは、チリ南北6,000km、どこの観光地にも共通の現象で、1杯分のインスタント・コーヒーの粉がスティック状の袋に入ったものがポットに入ったお湯と一緒に出てくるので、袋をちぎってコーヒー・カップに粉を空け熱いお湯を注ぐのです。あるいは、インスタント・コーヒーの粉の入った缶を、そのままどかんと出してくるところもあります。好きなだけ入れろ、と。波止場の喫茶店は、どかん式でした。スプーンで粉をすくってカップに移し、お湯を注いでかき混ぜて、熱いカップ

を両手で持って一口すると、ホーッと緊張が緩みました。やれやれ、今日"も"凄い道を走ってしまったものだ、と。

喫茶店の女主人が暇つぶしにやってきて我々のテーブル脇に立ち、話しかけてきました。ポルヴェニールはフエゴ島チリ領の中で最も人口の多い町で、5,500人ほど。一方、チロータ入り江に関して言えば、住民はわずか120人足らず。いずれもクロアチア圏からの移民が多く、彼女も当時のユーゴスラヴィアから移住してきた移住2世だそうです。

1860年代から1950年代にかけて、クロアチアからチリへ移住してきた移民は5万8,000人を数え、そのうち、フエゴ島も含めた南の地方に入植したクロアチア人たちは、折からのゴールド・ラッシュの熱に浮かされて金探しに躍起となり、北の地方に生活の場所を求めたクロアチア人たちは、アタカマ砂漠周辺で硝石を掘り起こして生計を立てていったのだそうです。そうして金も硝石もあらかた掘りつくしてしまったとき、彼らはチリの首都、サンチアゴに雪崩込むように移り住んでいったのだ、と。

金探しと聞いて、ポルヴェニールの入り江の、先ほど、その横を走ってきたばかりの、この辺りに住んでいた先住民セルクナムを象った、巨大な木彫りの立ち像を思い出しました。マゼラン海峡を背にして立ち、陸地方向はるか彼方を見つめ、悲哀をこめて何かを訴えかけているような目を。彼らも、その歴史の中で、フエゴ島アルゼンチン領のジャマナ族のように、殺戮の悲劇に遭遇したのでしょうか。そして、まだ歴史になっていない今日の生活の中でも、チリ領ナヴァリー

セルクナムの木像。

メリンカ号に乗船するホセ。

ノ島に住むジャマナ族のように、町の片隅で貧相な暮らしを強いられているのでしょうか。判りません。

　2杯目のコーヒーを飲み始めたころに、メリンカ号の姿が見えてきて、車両と人が三々五々集まって来ました。

　20フィート・コンテナを積んだ大型トラックが1台、小型トラック2台と乗用車が2台、そして我々のバイク。乗客は、車両の運転手も含めて15～16名。それで全部でした。乗用車なら23台、大型トラックなら7台、230名の乗客を運べるメリンカ号のスペースはがら空きでした。が、19時、"小さな愛人"というロシア語の意味を持つ、赤い船腹に白いキャビンの、その名の通り愛らしいメリンカ号は定刻通りに出航。バイア・チロータの対岸、トレス・プエンテスまでの20海里（約37km）を航行し始めました。マゼラン海峡の最も幅の広い部分を渡っているので、艀は大揺れに揺れました。バイクは、船壁ぎわの床板に固定されており、転倒の心配はまずありません。が、心配なのはむしろ我々人間の方。水平線と島影、船内の備え付けのTVモニター（マゼラン海峡クルーズの観光用ビデオを放映している）、スナックと飲料を販売している売店、そのどこ

を、何を見ても、すべてが激しく上下に揺れています。私はしたたかに酔いました。

21時20分、トレス・プエンテスの波止場に到着、下船。

プンタ・アレーナスの町までの6kmを走っている最中に日没を迎え、簡素なホテルにチェック・インしたとき、空はまだ充分に薄明を残していました。

プンタ・アレーナス。南緯53度10分01秒。

……機械を無事フエゴ島に搬入させたことにより、私は自分の仕事に対して、これまで、という区切りをつけることができました。

主人の四十九日の法要をブエノス・アイレス仏教会で済ませた後、私は夏季休暇を取り8年ぶりに日本へ行ったのです。日本では、父の十三回忌の法要をするべく、母が私の帰りを待ちわびていました。

父は、私がアルゼンチンへ移住するため日本を出発した5日後に、劇症肝炎で死亡した、というのですが、母が父の死を手紙で知らせて来たのは、その死から半年以上も経ったころでした。信じられませんでした。手紙には、父の名前が抹消されている戸籍謄本の写しが同封されていましたから、その死は疑う余地はありませんでしたが、では信じるか、というと、それは別問題で、私の心の中では父の死を信ずることを拒否する作業が始まってしまうのです。父の死体を見ていないので、その作業はしやすかったです。私が地球の裏側に来てしまったので会えないという、ただそれだけのことなのだ、と思うことにしました。

父には、自分の父親の記憶がひとつもありませんでした。父がまだ私の祖母のお腹にいるときに心臓麻痺で急死してしまっ

たからです。その分、祖母が苦労して父と、父の2歳違いの姉と、父とは15も年が違う異母兄を育てたのですが、父は、成長するに従い、時々家を飛び出しては放浪の旅に出たようです。祖母が北九州辺りまで父の行方を捜して尋ねていったと聞いています。そして第2次世界大戦が始まる前、父はフランス籍の商船にコック見習いとして横浜港から乗り込み日本を離れるのです。が、船がボルネオ島辺りまで航行していったときに戦争が始まり、父は船を降ろされて日本へ送還されてしまいます。スーツ・ケースひとつ持ってアルゼンチンへ単身移住した私の気質は、この父から受け継いだものでしょう。祖母も大変な人でした。横浜の旧家19代目の当主の後妻として入り、子供を2人生んだ後、後家になってしまいます。が、すぐ奮起してトラックの運転免許を取得し、だるま船という和船を自ら操って、水陸両用型運送会社を営んだといいます。1930年代に祖母が日本でトラックやだるま船の運転をしていたというのは、2000年代になって私がアルゼンチンでヘリコプターの操縦をしていることより、はるかに話題性に富んでいたと言えましょう（私は、アルゼンチン空軍の試験を受け、アルゼンチンでヘリコプターの民間パイロットの資格を取得した最初の日本人、として登録されています）。

　その気丈でやり手だった祖母も、私が20歳のとき、私の実家の庭の隅の物置で、首吊り自殺をして果てました。享年76歳。リューマチを病み、手足が変形して立ち居振る舞いにも不自由していました。また、死ぬ数か月前には加齢のせいか、下の始末も自分では行き届かなくなりつつあったようです。気位の高い人でしたから、そのことで私の母の手を煩わせるようにはなりたくなかったのでしょう、母が外出している間に、きっぱりと自分の命の始末をつけてしまったのです。ひとつの人生

の、見事な幕引きでした。

　祖母が死んだのは1976年の11月でしたが、その年の春に、私は生まれ住んだ家を出ていきました。そう、あのときもスーツ・ケースひとつだけ持っていきました。タクシーに飛び乗った私の後を、15歳になったばかりの弟が泣きながら追いかけて来たのを覚えています。家を出て、行った先は、イタリアでした。イタリアのミラノで開催された木工機械の国際見本市で、3か月間通訳をしました。その後、日本の木工機械メーカーの社長さんらをお連れして、ローマ、ピサ辺りを観光案内していました。私にとっても初めてのイタリア旅行でしたが。そのころには、私の心臓にはもう充分に毛が生えていたようです。

　イタリア語は就学中だった大学の第2外国語として習得、その大学のイタリア語の教官と一緒に渡伊したのです。数か月間のイタリア滞在の後、帰国してその教官との同棲生活に踏み入りました。現役教官とその教え子、23歳という年齢差は、キャンパス内の一大スキャンダルとなり、教官は退職、私もやがて大学を中退してしまいました。その後、12年間、同棲生活を続けながらイタリア語の現場にどっぷり浸かって国際感覚を磨きました。私の両親は、この同棲生活には、勿論、大反対。私が通訳をしようが、翻訳の手伝いをしようが、要は体裁のよい"おさんどん"として使われているだけではないか、なぜ、結婚してもらえないのか、と憤慨していました。しかし、結婚しなかったのは私の意志です。相手は飽くまで私の"教官"、私の"先生"で、結婚の対象としては考えられなかったのです。その私の尊敬する"先生"が、時々、私に対して怒りを爆発させることがありました。昼夜が逆転したような時間帯の生活の中で、三度の食事を1階のキッチンで作り2階の先生の書

斎まで運び、親子電話でお汁やご飯のお代わりの要求があれば何度でも階段を上がり降りして運び、しかし、配膳のお盆ごと階段から突き落されたことがありました。幸い、打撲傷だけで骨折はしませんでしたが。一度は、駅の構内でホームから線路に突き落されたことも思い出してしまいました。あのときは電車待ちの乗客もたくさんいて、駅員も飛んできて大騒ぎになりました。では、どういう状況のときに突き落されたかというと、あれらは、私が先生との議論を一方的に打ち切って先生に背を向けた瞬間、だったように記憶しています。つまり、逃げるのか、逃げるなら、いっそ死んでしまえ！　という怒りの爆発行為だった、と思います。しかし、突き落されれば痛いですから、次回からは突き落されないような工夫をします。後ずさりして、先生の手の届かない安全圏まで下がってから一気に背を向けて走るのです。一旦、走り出せば、女といえども私の方が早かったです、23歳も若いのですから。そして、突き落すぞ！　いいえ、突き落されません！　という関係を続けた後で、この、何というか負の方向に噴出させてしまっているような私の膨大なエネルギーを、本来そうあるべき方向を探してそこに向けるべきなのではないか、と考えるようになったのです。31歳になっていました。すでに54歳になっている先生には気の毒だが、先生の歩んでいる道とは分かれて、私は私の道を探るときが来ているのではないか。では、何がしたいのか。何ができるというのか。

　友人もなく、手づるもなく、自分の才覚だけを頼りに、もう一度ゼロから始められる場所、地球の裏側、アルゼンチンへ移住することを決めたのです。パスポートだけを持って先生の家を出て、当座、下宿した先は、母方の祖母の家。祖母の家の近くの家政婦協会に登録し、すぐ家政婦の職を得た私は、祖母の

家からアパレル関係の会社社長宅へ通い始めました。社長宅には私のほかにすでに2人の家政婦さんがいて、1人は料理専門、もう1人は子守り専任、そして私は掃除・洗濯・アイロンかけ担当となりました。主婦労働が結構な金額のお金に替わるのを知り、嬉しくなりました。脚立に乗って欄間から長押の上まで磨き上げ、社長夫人に喜ばれました。夫人は会社のマークの入ったブラウスとジーンズをたくさん下さり、先輩の家政婦さんたちも、娘さんが着なくなったワンピースやスーツを家の箪笥の奥から引っ張り出してきて下さいました。そして予定した3か月間の家政婦修行期間を終了。これで、アルゼンチンへ行っても家政婦だけはできる自信が付きました。頂いた服を大切にスーツ・ケースに詰め、未知なる世界への期待に胸を膨らませてアルゼンチンへ発ったのですが……まさか、その5日後に父が死ぬとは……悪魔が笑っていたのです。……

●2005年1月23日

　今日は日曜日です。でも、バイクの旅に日曜も月曜もありません。習慣のごとく早起きして、朝食サービスを受けました。ホテルのチェック・アウトは午前10時。でも、その前に、部屋に荷物を置いたまま、チリ9号線道路の終着点、Fuerte Bulnes（フエルテ・ブルネス、ブルネス砦）までの60kmの未舗装道路を往復してやろうという魂胆でした。第一、この季節、この緯度では、朝6時の日の出から22時の日の入りまで16時間も日照時間があるのです。寝る間も惜しんでツーリングしなければ損です。

7時。薄もやがかかってはいるものの、時折、薄日も射す、まずまずのツーリング日和。フエゴ島ではあれほど我々を悩ませた風も、今日、ここでは比較的穏やかです。沿道の家々の中はまだ寝静まっている様子。

　地球最南端の半島、ブルンズウィック半島をマゼラン海峡に沿って南下していたときです、1台の白いバンが後ろから走って来て、2～3秒、我々の横にぴったり沿うようにして走った後（何と危ないことをする！）、やおらスピードを上げて追い越していった、その途端、カーブを曲がりきれずにガード・レールに激突して転覆したのです！　しかし、ガード・レールを完全に突き破って低い崖下に転落せず、崖に車体を半ば突き出し四輪を空に向けた格好で止まりました。すべてが一瞬の出来事だったはずですが、私の目には、スローモーション映像を見ているように長い時間で映っていました。

　ホセは、すぐブレーキをかけて止まろうとしました。が、私は、事故を起こした有蓋(ゆうがい)トラックから煙が立ちのぼっているのをバック・ミラーで認め、インターコムで100mほど離れて停めるように指示、トラックが爆発する危険を危惧したのです。バイクを停めてヘルメットを脱いで駆け出そうとするホセに、ヘルメットは脱がない方がいい、と再び、忠告。ホセはバンに走り寄り、私は恐る恐る歩いて近づいていきました。

　崖っぷちに車の後部を突き出して仰向けになっているバンの前頭部屋根の下に、人が1人、うつむきになり、左肩の辺りを圧迫されて下敷きになっています。ウインド・シィールドを突き破って飛び出してしまったのでしょう。ということは、シート・ベルトを着用していなかったということです。息はあるようです。ホセは地面とボンネットの間に潜り込み、背筋力で車体を持ち上げようとしましたが、体の小さいホセ1人の力では

とても無理。私は低い崖下に並んでいる住宅めがけて、金切り声を張り上げました。事故でーす！　助けて下さーい！　誰か来て下さーい！

　1〜2分して、太った男性が坂道を駆け上がってきてくれました。その後ろに3人の男性が続いています。ホセと合わせて5人の男の力が、そろそろとバンを持ち上げました。ホセが下敷きになった男性の体を引きずり出そうとしたので、これも私は制止しました。うっかりしたことをして、男性がショック死でもしたら困ると思ったからです。ホセがためらった隙に、最初に走ってきた太った男性が、事故の被害者を引きずり出していました。

　顔面蒼白の25歳くらいの青年の意識は意外とはっきりしており、私がヘルメットの顎を持ち上げて顔を出して近づけると、最初に発した言葉が、何と、"あれは、ホンダのバイクかい？"!!　我々のバイクに気を取られていてカーブを曲がりそこなったのは明らかです。私はさらに顔を寄せて、"誰かほかに人が乗っていましたか？"と尋ねると、助手席に1人いた、というのです。そのもう1人はどこに行ってしまったのか。窓から飛び出して崖下に落ちたのか、と下を覗き込んでも、いません。と、転覆しているバンの後部、宙ぶらりんになっている部分から、物凄いうめき声が聞こえてきました。助手席に乗っていたもう1人は、これも多分、シート・ベルトを装着していなかったため、激突のショックで後部座席にすっ飛び、そこで失神していたのでしょう、しかし、今、意識が戻り、そして猛烈な痛みを覚えて、唸り声を上げ始めたと想像できました。問題は、車体に余計な重みをかけるとバランスを崩して崖下に転落してしまう、ということでした。かといって、このままでも、そのうち、転落してしまうかもしれない。そ

こで、ホセも含めた男4人が車体の前部に体重をかけ車体の重心を手前にずらしている間に、例の太った男性が、果敢にも車体に体を入り込ませて後部座席から怪我人を力任せに引っ張り出したのです。絶叫する怪我人。気の毒に、足の骨を骨折しているらしく、ズボンの上から異様に曲がった足の形が見えました。

どこから現れたのか、テレビ局の人がマイクを握って近くに立っているのに気が付きました。警察のパトカーも到着しました。救急車も事故現場に向かっているようです。それで、我々は、これ以上、関わり合いになることを恐れ、こっそりバイクを停めた場所まで戻り、そして、走り去ったのです。

事故現場を目撃したのは我々だけでした。足を骨折した怪我人は命に別状はなさそうですが、肩と、もしかしたら肺も圧迫されたかもしれない運転手の方は、死亡するかもしれません。ぐずぐず事故現場に居残って警察の事情聴取に応じてしまったら、何か面倒なことに巻き込まれるかもしれない。それで走り去ることにしたのです。

南へ、南へと走りながら、インターコムで話しました。"今日も朝から、もの凄いものを見てしまったね"と。

我々が走っている左手には、常にマゼラン海峡が横たわっていました。

この辺りのマゼラン海峡は、特に、Paso del Hambre（パーソ・デル・アンブレ、飢餓水路）と呼ばれている辺りです。私は再びイギリス海軍船籍ビーグル号に思いを馳せました。

フィリップ・パーカー・キングに率いられたアドヴェンチャー号とビーグル号は、1827年1月、飢餓水路にあるプエルト・デル・アンブレ（飢餓港）に到着、そこに碇泊してマゼラ

ン海峡水域の調査・探検を行いました。

　しかし、それより約250年も前、1577年12月13日、イギリスの女王エリザベス1世の命を受けたフランシス・ドレークが、ペリカン号と4隻の帆船に乗った164人の船乗りたちを率いてプリマス港を出航し、マゼラン海峡を目指しました。ブラジルのサルヴァドールで水と食料を積み込み、アルゼンチンのラ・プラタ川河口まで来たとき、先住民Charruas（チャッルーアス）の攻撃に遭い、多くの乗組員とともに船を1隻、紛失、甥のジョン・ドレークもここで捕虜になってしまいます。さらにサン・フリアン港に到着したときにもパタゴーネス（先住民、アオニケンク）との戦闘となり、ここでも乗組員を失います。結局、乗組員の数が足らなくなって、ここで船を2隻放棄するのです。そして、いよいよ1578年8月、マゼラン海峡の入り口に辿り着いたときにはペリカン号1隻だけになっていました。ドレークは海峡を西航していき、9月、太平洋に出ましたが、折悪しく暴風雨に遭い、ペリカン号はドレーク海峡に面したホーン岬付近まで吹き流されてしまいます。

　ところで、ドレーク海峡は、1526年1月、スペイン人、フランシスコ・デ・オセスにより発見され、当初、"Mar de Hoces"（マル・デ・オセス、オセスの海）と命名されました。その約50年後、ドレークが嵐でこの海峡に偶然流れ着き、ドレーク海峡と命名し直したのです。ドレークは、ペリカン号の名前もGolden Hind（ゴールデン・ハインド）と変え、太平洋をチリ海岸に沿って北上していきました。そして、当時、スペインの統治下にあったヴァルパライソ港を襲撃して物品を略奪、さらに北上しながら、コキンボの港、アリカ、そしてペルーのカジャオ港をも襲撃します。カジャオの在ペルー・スペイン総督は、ペドロ・サルミエント・デ・ガンボーアにドレー

クの追跡と捕獲を命じます。が、サルミエントが現場に急行したときには、ドレークはすでにどこかへ逃げ去ったあとでした。

　この事件により、在ペルー・スペイン総督は、マゼラン海峡のどこか適当な場所に、必要な人員と大砲を装備した砦を配置して、スペインの敵国がマゼラン海峡に入ることを断固阻止するべきだと考え、サルミエントにマゼラン海峡の探検を命じます。サルミエントは、1579年10月11日、2隻の船を指揮して南に向かいました。しかし、翌1580年1月21日、2隻は嵐で離れ離れになってしまいます。1隻は大風で南緯56度辺りまで流され、糧食が尽き、2月も半ばになって、ようよう太平洋岸のヴァルディヴィアに辿り着きます。一方、サルミエントが乗り込んだ船も大きく南に流されましたが、航路を北に変えることに成功、マゼラン海峡の太平洋側の入り口、Isla Desolación（デソラシオン島、南緯53度付近）からマゼラン海峡を航行していき、2月13日、飢餓港に到着。この辺りに砦を築けば最適であると判断したのです。2月24日、サルミエントは大西洋に出て本国スペインに帰国し、国王フェリペ2世に飢餓港に植民者を送ることを提案しました。

　こうして、1584年3月25日、飢餓港に"国王ドン・フェリペの町、La Ciudad Rey Don Felípe"が創設されたのです。

　しかし、この植民計画は不成功に終わりました。

　1586年、イギリスの航海者トマス・キャンディッシュは、ドレークが果たした地球一周の航路を自らも辿ることを決心し、ペリカン号よりもさらに大きなデザイヤー号を造船、1587年6月6日、マゼラン海峡の入り口に到着します。そして、海峡を西航して国王ドン・フェリペの町に到着したとき、そこに見たものは埋葬もされていない死体の山でした。約300

人の入植者たちは、飲料水と食料の不足で、ほとんど全員が餓死してしまっていたのです。キャンディッシュは、国王ドン・フェリペの町に、改めて、"飢餓港"と命名。生存者はわずか2名でした。

　南緯53度36分28秒。"飢餓港"、あるいは、"国王ドン・フェリペの町"の廃墟は、1968年2月、チリ国立遺跡に認定されました。

　ところで、チリ国の最初の植民者が飢餓港に到着したのは、1843年9月21日、チリ海軍の艦長、フアン・ギジェルモス・ウィルソン（後、ジョン・ウィリアムズとイギリス読みに改名）に率いられた一行でした。当時のマヌエル・ブルネス大統領が、マゼラン海峡の覇権を確立させる目的で、付近に砦を造ることを命じたのです。飢餓港から2km離れたサンタ・アナ岬で、作業は突貫工事で行われ、10月30日、丸太を組んだだけの急ごしらえの砦を完成させ、これにブルネス砦と命名、チリ国旗を高々と掲げたのです。フランス海軍の軍艦パエトーン号が到着する、わずか1日前のことでした。

　ブルネス砦は、しかし、1851年11月、プンタ・アレーナスで起きた陸軍砲兵隊の叛乱の最中、陸軍中尉ミゲル・カンビアーソによって焼かれてしまいます。今、我々が見ているのは、1941年から1943年にかけて再建された、それです。

　それは、マゼラン海峡を一望できる低い丘の上に建っていました。先端を削って尖らせた丸太を無数に並べた柵の囲いの中に、物見やぐら、数棟の小屋、そして小さな礼拝堂がありました。すべて丸太で組まれた建物で、物見やぐらの横に、巨大なクリスマス・ツリーを思わせるレンガブナの木が、1本、植えられてありました。丸太の柵には2か所の開口部、そこからマ

チリ、ブルネス砦。南緯53度37分48秒。

ゼラン海峡に照準をあてた大砲が、重苦しい沈黙を保っていました。

　南緯53度37分48秒。大砲の横で記念撮影。

　ブルネス砦をあとにして、チリ9号線道路を北上し、再びプンタ・アレーナスに向かいました。早朝に起きた事故の現場はすでにすっかり片付けられ、ホンダのバイクに乗って走り去った2人が重要参考人として捜索されている様子もなさそうです。多分、怪我人は命に別状はなかったのでしょう。しかし、この不安（警察に出頭を求められるかもしれないという）は、2日後、チリからアルゼンチン側へ国境を越えるまで我々に付きまといました。

　プンタ・アレーナスは、1848年12月18日、ブルネス砦の住人をそっくり移住させて創設された町です。以後、1914年8月15日にパナマ運河が開通するまで、太平洋と大西洋をマゼラン海峡で繋ぐ重要な中継港として発展し続けます。

　今日のプンタ・アレーナスは、1977年、ここに開設されたフリー・ゾーンの存在により、チリ・パタゴニア地方有数の商業都市に位置づけられています。

プンタ・アレーナスの北、53 haの敷地内に、企業・法人合わせて550のユーザーがその特権を享受しており、約80店を数えるショッピング・モールには1日約1万5,000人が訪れます。ここでのショッピングは、1人、1,200米ドル相当まで非課税という特典があるのです。

　ところで、我々のトランザルプは、その後輪を擦り減らしながらもパンクもせずに、よくここまで走ってきてくれました。フリー・ゾーンでトランザルプ用のタイヤを購入できるかもしれない。そんな期待があって、ブルネス大通りに面したフリー・ゾーンの正面玄関にバイクを横付けしました。が、エントランスは固く閉まっています。そうか、今日は日曜日だった。南米の商習慣として、ショップは土曜日は午前中だけ営業し、日曜日は休業するのが大勢なのです。プンタ・アレーナスでのタイヤの購入を諦め、チリ9号線道路、プンタ・アレーナスから260 km北に位置する次なる町、Puerto Natales（プエルト・ナターレス）を目指し、マゼラン海峡を右手に見ながら北進していきました。

　40 kmほど走ると、ブルンズウィック半島の細い付け根の部分に差しかかります。半島の西側には、マゼラン海峡を通じて太平洋と接続している2つの大きな入り江が横たわっています。オトウェイ入り江とスカイリング入り江です。太平洋から吹きつけている大風は、2つの入り江を渡って吹いてきて、細い半島の付け根からマゼラン海峡へ出て、大西洋へ向かって一気に吹き抜けていくのです。その強い西風に耐えながら、私は不思議な形をした雲を見上げていました。それは、植物のゼンマイの形をした雲でした。真っ青な空の畑に、真っ白な雲のゼンマイが何本も立ち上がり、丸まった頭を一定方向に傾けて生えているのです。どう見てもゼンマイです。一体、ゼンマイ雲

と呼ばれる雲があるのかどうか。そして、ブルンズウィック半島を後にして大陸部に入り、パンパ・マガジャーネス（マゼラン・パンパ）と呼ばれる、樹木のない草原の真ん中を走って約40km進んだとき、真っ直ぐ続く道路沿いに、先ほどまで見ていたゼンマイ雲とまったく同じ形を象った、鋼色をした3本のモニュメントが現れました。それが、Monumento al Viento（モヌメント・アル・ヴィエント、風への記念碑）でした。

● 2005年1月24日

マゼラン海峡の北、アルミランテ・モント湾に注ぐセニョレット水道の端に位置するのがプエルト・ナターレスの町です。

Cerro Ballena（セッロ・バジェーナ、クジラ丘）という名前の、海に浮かんだクジラの背中を連想させる、標高790mの小高い丘を眺望しながら、セニョレット水道に面したホテルの食堂でそそくさと朝食を済ませました。

プエルト・ナターレスには2泊することにして、今日は、まず、ここから約150km北西にある国立公園Torres del Paine（トッレス・デル・パイネ、パイネの諸塔）までの未舗装道路を往復することにしたのです。

プエルト・ナターレスからCerro Castillo（セッロ・カスティージョ）までは59km。ここで給油して、"牧童の女たち"（リオ・デ・ラス・チーナス）という名前が付けられた川に沿って走ると、まず、見えてくるのがLago del Toro（ラーゴ・デル・トーロ、雄牛の湖）、次いで見えてきたのが、Lago

Sarmiento de Gamboa（サルミエント・デ・ガンボーア湖）、その湖畔の道を西に辿ればトッレス・デル・パイネ国立公園への入り口のひとつ、サルミエント口（ぐち）に到着できます。

　が、我々はサルミエント湖の北に位置するLaguna Amarga（ラグーナ・アマルガ、苦い湖沼）にある入り口を選びました。セッロ・カスティージョからは95km。プエルト・ナターレスから出ている路線バスが、このエントランスから入るコースを通って1日2往復していると聞いたのです。万一、バイクが転倒した場合、バスの乗客が手を貸してくれることを期待したからでした。

　ラグーナ・アマルガは、表面積がわずか3.8km²、水深も4mほどしかなく、その水が流出する川の存在しない内湖です。湖沼の南縁を周ってラグーナ・アマルガ口（ぐち）に到着。8時25分。開園5分前でした。

　アルミランテ・ニエート山が、もう真正面に見えていました。標高2,670mと2,640mの2つの頂からは、無数の氷河が山腹を流れ這っています。その後方には、櫛の歯のような姿をしたペイネータ山（大櫛山）2,550mの切り立った絶壁に並んで、3つのパイネの塔のうち、トッレ・ノルテ（北塔、別名マンツィーノ塔）とトッレ・セントラル（中央塔）の雄姿が雲間に屹立しているのが見えました。

　トッレス・デル・パイネ国立公園は、南パタゴニア氷原と呼ばれる、南緯48度20分から51度30分にかけて、約350kmの長さにわたって広がっている巨大な氷原の最南部に位置しています。氷原の広さは1万6,800km²。大陸部にある氷原としては、南極大陸とグリーンランドに続いて地球上で3番目に広い氷原で、85％がチリ領、15％がアルゼンチン領に属します。

パイネの角々。

　アンデス山脈の尾の部分に相当するパイネ山脈は、4つの嶺を持つエル・パイネ・グランデ（偉大なるパイネ山、その最高峰は2,884m、パイネとは先住民語で"青い空"）、トッレス・デル・パイネ（南塔2,500m、中央塔2,460m、北塔2,260m）、Los Cuernos del Paine（ロス・クエルノス・デル・パイネ、パイネの角々）と呼ばれている、3本の角が天に向かって突き出ているような形で並んでいる3つの山、などに代表される群峰です。

　国立公園の北に位置する氷河湖ディクソン湖に水源を発しているのがパイネ川。パイネ川の水はディクソン湖から約9km流れてパイネ湖に注ぎ込み、そこからさらに約15km流れて水深約200mのノルデンスクジェルド湖に流れ込みます。ノルデンスクジェルド湖に流れ込んだ水は、Salto Grande（サルト・グランデ、大きな滝）となってLago Pehoe（ペオエ湖）に流れ落ち、ペオエ湖を離れるときにもうひとつの小さな滝を形成して再びパイネ川の水に戻って流れ、そして約6km南のラーゴ・デル・トーロに注いでその旅を終えます。

　ラグーナ・アマルガ口から入園した我々は、ノルデンスク

ジェルド湖とサルミエント湖を隔てている細い陸地部分に無数に点在する、名もない小さな湖沼群の間を縫うようにして走りました。風が、時折、凄まじい突風となって山側から吹き降りて来て、写真を撮るためにバイクを停めて、どちらか1人が降りたために軽くなった車体を激しく揺さぶり、なぎ倒さんばかりの勢いです。バイクだけでもたっぷり200kgはあるのですが。

　かっきり1時間走ってペオエ湖の北東湖畔に着いたとき、氷河が溶けて流れ出した、淡いエメラルド色に透き通った水が、偉大なるパイネ山を背景に、落差15mのごうごうとした瀑布となって、ペオエ湖に注がれているのが見えました。その東側には、花崗岩で形成されたパイネの角々が、青黒いシルエットを見せてそそり立っています。標高が一番高いのがクエルノ・ノルテ（北角2,200m）。クエルノ・エステ（東角2,000m）とクエルノ・プリンシパル（主角2,110m）とは対をなし、神話の世界だけに存在していた何か巨大な獣の角が、空を突き破って聳え立っているように見えました。

　パイネ川の水の流れに沿って南下して、雄牛の湖を左手に見て進路を西に変え、グレイ川に沿って北上して、国立公園の奥深くグレイ湖を目指すことにしました。

　そして、グレイ川の浅瀬にかかった橋の右端に、バイクを停めて写真を撮ろうとしたときです。走行を止めた途端、突風を受けてバイクが右側に転倒したのです！　私の体も瞬時に右側に投げ出され、しかしそこには私の体を受け止めてくれるはずの地面がなく、私は1.5mほど下の川原の大きな石の上に仰向けに落ちました。見上げれば、バイクのハンドルにしがみついていたホセも、一呼吸置いてから、やはり落ちてきました。
　"だめじゃないか。なんで落ちたんだよ！" "あなただって落ちてきたじゃないの！"

怪我がなかったので、コミカルな喧嘩をする余裕がありました。ホセがまず這い上がり、私を引き上げてくれました。さて、バイクは、橋の縁ぎりぎりに横倒しになっています。足場がなく、その車体をホセと私の力では起こすことができません。万事休す。しかし、悲壮感はありませんでした。超然とした美しい景色の中にいたからです。何もかも、神話の世界で起きている出来事のようでした。風に体を吹き飛ばされそうになりながら、その風すら、神々の世界から吹いて来ているように思えました。その風に乗って、何かがやって来て、我々を助けてくれるはず。そうして待つこと15分、1台の路線バスが我々の後方から走ってきて停まってくれました。運転手と乗客たちが降りてきて、ホセと数人で難なくバイクを引き起こすことができました。バスの中に残った乗客たちが、転倒バイクの引き起こし作業にカメラのシャッターを一斉に切り、作業を手伝ってくれた乗客も我々のバイクと記念撮影。そして、バスは走り去り、バスが巻き上げた砂埃は強風ですぐ搔き消され、我々も再び走り出しました。

　道は次第に砂利が大きくなり、ここでまた転倒すればバイクの車体にかなりの傷が付く、そんな不安が心を過ぎり始めていました。しかし、グレイ氷河はぜひ、見たい。グレイ湖は、グレイ氷河を水源とする南北約16.5kmに延びる細長い湖です。その南縁まで行けば、高さ30m、幅6kmのグレイ氷河が、はるか湖の北端に望めると聞きました。グレイ川の畔に沿って慎重に走ること30分。グレイ湖警備隊詰め所に到着。噂どおり、グレイ氷河が真昼の陽光を反射させて青白く輝いているのが、はるか彼方に見えました。ここから小道を辿って湖まで降りていけば、グレイ氷河の壁まで接近する遊覧船に乗ることができます。が、バイクを道路に置いていかねばなりません。道

は、そこからさらに北西に向かって続いているのが見えました。しかし、ラグーナ・アマルガ口からすでに97kmを走ってきています。プエルト・ナターレスに戻るためには、今日ここまで走ってきた約250kmの未舗装道路を再び走らねばなりません。一方で、北西に続いている小道はさらに大きな砂利の道でした。そこを走り、無事、戻ってくる自信がありません。引き返すことにしました（その後、新たにセッラーノ口が設けられ、プエルト・ナターレスまでの帰路は80kmの未舗装道路に短縮されました）。

●2005年1月25日

　翌朝、私の右の腰には大きな青痣が輝いていました。痣は、ブエノス・アイレスに帰り着くまで、青から紫へ、紫から黄緑へ、と色を変えながら、臀部に咲いた大輪の紫陽花の花のような華やぎを見せていました。

　この日、我々はナターレス港から出航してセニョレット水道を辿り、フィヨルド・ウルティマ・エスペランサを航行して、パイネ国立公園の北西に位置するベルナルド・オ・ヒギンズ国立公園を目指しました。セッラーノ氷河を船上から見学し、ゾーディアックに乗り換えて国立公園に上陸。そこから約1kmを歩いて標高2,035mのバルマセダ山の麓に流れ出ているバルマセダ氷河の前面まで至り着きました。氷河は、時折、辺りの静寂を切り裂いて轟音を上げて崩れ落ち、細かい無数の青い氷の塊をフィヨルドに浮かべます。私は、ツーリング・ジャケットの内ポケットに、プエルト・ナターレスのホテルで借りて

きた、小さなガラスのグラスを2つ忍ばせていました。ホセが内ポケットから取り出したのは、ウイスキーのミニ・ボトル2本。フィヨルドに浮かんだ氷河の小さなかけらをすくい上げ、それをさらに細かく砕いてグラスに入れてウイスキーを注ぎました。琥珀色の液体に浮かんだ小さな透き通った氷のかけらの中に、何千年か前、この氷河が形成された時代の空気が、微小な気泡となって1〜2粒、密めやかに閉じ込められていました。

……あなたも後家さんになってしまったわね。

父の遺影の少し下に、エンリケの遺影を置いたとき、母が淋しそうに言いました。

父の十三回忌の法事をごく内輪だけで済ませた後、私にはもうひとつ、日本ですることがありました。親戚中から遠ざかってしまっている弟に会うことです。

1997年12月、母は軽い脳梗塞の発作を起こし入院しました。私にその知らせが届いたのは、すでに母が退院してからでしたが、弟にはあちこちから連絡がいったにもかかわらず、弟は母の入院先には現れませんでした。以後、連絡を絶ってしまっていたのです。

私が弟に会ったのは1992年、弟の結婚式が最後となっていました。その前に会ったのは、彼が大学生のときに1〜2回、その前の記憶は……私が乗り込んだタクシーを泣きながら追いかけてきた姿となってしまうのです。青春期の弟、社会人となった弟、を私はほとんど知らずに過ごしてきていました。

日曜日の朝、母を連れて弟の住所を尋ねていきました。弟は、果たして在宅していましたが、心を閉ざしたまま、私たちにドアを開けてはくれませんでした。

母と弟の間に何があったのか。

アルゼンチンに帰ってから、私は弟に手紙を書き、未使用の封筒の宛先の欄に私の住所を書き込んで、気が向いたら今の気持ちを書いてこの封筒に入れて送り返して欲しい、と頼んだところ、しばらくして、私が送った封筒を使って弟から手紙が来ました。

"血族・縁者・親・兄弟も要りません。子供のころから親を憎み、自分の生まれを憎んでいたからそうなったのでしょう。"
（原文通り）

何が弟をそこまで追い込んでしまっているのか理解できないまま、しかし、弟からの絶縁状として、私はこれを神妙に受け容れました。

アルゼンチンへ戻ってから、すぐ、クリスマス休暇がやってきました。

ひとり息子を失ったお姑さんが気の毒で、その年のクリスマスはウルグアイの高級リゾート地、プンタ・デル・エステにお姑さんを招待することにしました。

アイルランド系のお姑さんは、エンリケと同じ碧い瞳をした綺麗な人でしたが、その瞳は日によってときに淡いグリーン、あるいは薄氷のようなシルバーに変わるのです。目の色が変わると顔の印象まで変わってしまい、そうなると人格まで微妙に変わるような気がして、私は長年、この人に心を開けないでいました。まして、今は、彼女のひとり息子を死なせてしまったという罪悪感があります。美しいはずのコバルト・ブルーの海も白砂の浜辺も、ろくに目に入らず、私はこの人を連れてウルグアイへ来たことを後悔しました。それでもクリスマス・イブの晩餐をホテルのレストランに予約し、ほかの旅行客たちと一緒に降誕祭を祝いました。

26日はウルグアイの海岸巡りツアーに参加し、その帰路、ピンポン玉大の雹(ひょう)を伴った豪雨となり、稲妻がクリスマス・ツリーの形を作ってすぐ目の前の道路の真ん中に落ちました。ミニ・バスの助手席にお姑さんと乗っていた私は、思わず隣の細いお姑さんの体を両手で摑んで私の体の前に引き倒していました。何ということをしたのでしょう。私はお姑さんの体を使って落雷のショックを緩衝させようとしたのです。逆ではないか。お姑さんを庇って私が盾にならねばならないものを。そのお姑さんは、落雷のときは車の中っていうのは案外安全なものなのよ、あなたも臆病ね、とあっけらかんと言って済ませてくれましたが。ミニ・バスは追突を避けるために道路わきの民家の庭に頭を突っ込んで雨が小降りになるのを待ち、予定を大幅に遅れてホテルへ戻ったときは、プンタ・デル・エステは大停電で真っ暗な夜となっていました。私の心も重い闇にすっぽり包まれていました。

　ブエノス・アイレスの都心にある企業のほとんどは、年末は30日が仕事納め。
　社員は1年分の反故(ほご)紙を細かく切ってビルの窓からばら撒きます。小さな三角形に切ると、それらは風で高く舞い上がり、そして太陽光線を反射させながらきらきらとゆっくり落ちてきてとても綺麗です。この日、真夏のブエノス・アイレスには紙吹雪が舞うのです。紙を小さく切るのが面倒だという人は、どさっと大きいまま放ります。A4判やB5判でも、高層ビルから投げれば結構よく舞います。それも投げ終わったという人は、今度はトイレット・ペーパーを丸ごと投げます。紙テープならぬトイレット・ペーパーも舞うのです。夕方、市役所の清掃車が総出動して都心の道路の清掃に当たります。税金がもったい

ない、などとはブエノス・アイレス人たちは思いません。なぜなら、それは真夏だからです。長いバケーション・シーズンがもう始まっているから、です。ミニ・スカートの女性たちが一番美しく見える季節です。陽気なカーニバルの季節も、もうすぐそこまで来ているのです。

　アルゼンチン店は、この年は日本時間に合わせて12月27日が仕事納めでした。
　クリスマス前後の1週間をウルグアイで過ごした私は、28日、1人出社して事務所を開けました。休暇中に溜まっているであろう仕事のメイルを読みたかったからです。
　そして、本社の一担当から送られてきた私信に目が釘付けになりました。
〝内密で知らせます。アルゼンチン店は3月で閉鎖になります。〟
　南米各店のうち、ブラジルのサン・パウロ店だけを生かし、リオ・デ・ジャネイロ店が、ベネズエラ・カラカス店が、ペルー・リマ店が、チリ・サンティアゴ店が、そして、アルゼンチン・ブエノス・アイレス店も……リストラの大鉈(おおなた)にかかって閉鎖されることが決定されていたのでした。……

● 2005年1月26日

　1月26日。旅の13日目。
　ドロテーア国境（南緯51度35分、夏場は24時間通行可）までの舗装道路30kmを走り、さらに8km走ってアルゼンチン側

の最初の町、Río Turbio（リオ・トゥルビオ）へ着いたのは、まだアルゼンチン時間の朝6時15分でした。

　大西洋側のリオ・ガジェーゴスから国道40号線を辿って西に約300km走ればこの町に出てきます。ここは石炭の町。1867年10月10日、大西洋側、サンタ・クルス川の中州にあるパヴォン島（あの、アルゼンチンで最も風が強い場所として記録されている島）から開始して、サンタ・クルス川を西に遡って石炭の鉱脈を探す探検が推し進められました。そして1887年2月22日、リオ・トゥルビオでついにその鉱脈が発見されたのです。町は、観光用には開発されておらず、愛嬌のある町とは言えません。が、"リオ・トゥルビオへようこそ！"と書かれた看板を見つけたとき、アルゼンチンに戻って来た、大きな喜びが湧きました。

　国道40号線を北東に辿って85km、Estancia Tapi Aike（タピ・アイケ牧場）まで進みました。丁度、この間の国道40号線は舗装化工事が進められていて、迂回を指示する矢印の立て札があちこちにあり、その方向指示に従いつつ、砂利が敷かれたばかりの柔らかい道を走ると、車体がふらつき何度も転倒しかけました。

　タピ・アイケには思いがけなくガソリン・スタンドがありました。給油し、熱いコーヒーを求めると、ガソリン・スタンドの店員は、寒さで顔が白くなっている私を気の毒がり、売り物ではないけれど、と言いながら、自分が飲むために用意してポットに温めてあったコーヒーを、カップにたっぷりと注いで勧めてくれました。そこから先、70kmの孤独な土の道をクリアして、舗装された州道5号線に出たときは、転倒しなかったことを天に感謝する言葉が口を突いて出ました。

　州道5号線から州道11号線へと走り継ぎ、El Calafate（エ

ル・カラファーテ）に到着したのは正午近く。チェック・アウトのための旅行客がロビーに群がっている大きなホテルは避けて、町外れのホステルの4人部屋を我々2人で借り切ることにしました。チェック・イン完了。ところで、我々はこの町で、ひとつ、重要なことをしなければなりませんでした。後輪の交換です。リオ・ガジェーゴスでガソリン調節弁を直してくれた工場に電話をすると、有り難いことに、トランザルプ用の後輪はすでに通関され保管されて、我々の連絡待ちになっていました。タイヤの代金を午前中に銀行送金すれば、その日、夜8時30分にリオ・ガジェーゴスを出発する路線バスにタイヤを積んでくれることになりました。町の中心部の銀行へ駆けつけ、指定された銀行口座に送金、その送金証明書を近くの公衆電話室に駆け込んで、リオ・ガジェーゴスの工場にファックス送信し終えたところで午後1時、この町のすべての商業活動が停止しました。アルゼンチンの地方都市には、商業活動が午前中だけに限られているところがあることを知っていたため、走りに走って急いで来たのでしたが、その甲斐がありました。

　銀行送金を成し遂げてホッとすると、私の胃袋が忘れていた空腹を訴えました。町外れの、我々がチェック・インしたホステルの近くに、焼き串に刺した動物の肉をたくさん立てかけて焼いているレストランがあったことを思い出し、そこで肉だけ注文しました。今日はまだ行くところがあるのです。昼食は空腹を満たすだけの目的と時間で済ませました。胃袋が満足して体が暖まると、私の体はシエスタと呼ばれる午睡をも要求してきました。が、これをなだめてバイクを引き出しました。そうして目指した先は、町から75km西方にある、Perito Moreno（ペリート・モレーノ）氷河展望台だったのです。

ペリート・モレーノ氷河は、ラーゴ・アルヘンティーノ（アルゼンチン湖、表面積1,466km²、アルゼンチンで2番目に大きな湖。パタゴニア地方では最大）の南端、南緯50度に位置し、水面上の高さが60mという巨大な壁となって張り出している氷河です。南パタゴニア氷原は、この辺りではアルゼンチン領となり、広さ約72万4,000haのロス・グラシアーレス国立公園内には、ペリート・モレーノ氷河をはじめ、ウプサーラ氷河、スペガッツィーニ氷河など、356の氷河の存在が確認されています。ロス・グラシアーレス（氷河群）の氷の広さは2,600km²、そして、国立公園の北の部分には、登山家たちの垂涎の嶺、フィッツ・ロイ山が、その険しい峰々を天に突き出して聳え立っています。

　エル・カラファーテを出発して15分走ると、アルゼンチン湖が右手、北方に見えてきました。牛・馬・羊たちが、悠久とした時間の流れの中で、一心に草を食んでいる牧場を眺めながらさらに10分走ると、州道11号線は小高い丘陵に突き当たり、道は二手に分かれます。右手に曲がり8km走れば、プンタ・バンデーラ港。アルゼンチン湖の西側に位置する波止場で、ここから氷河巡りをする船が出ています。我々は左手に曲がりました。ここからはアルゼンチン湖を左手に見るようになります。湖のこの辺りの部分は、丁度、腕を伸ばしたような形となって南側に突き出ているのです。道を曲がった途端、辺りの植物体系が、がらりと変わりました。わずかな牧草と灌木だけが生えていた風景が、曲がった直後から、右手に丘陵の山腹が迫り、レンガブナや、ギンドと呼ばれる常緑樹が繁る風景となりました。

　7km走り、ロス・グラシアーレス国立公園の入り口に到着。入園料は2本立て。アルゼンチン居住者用と非居住者用。私は

パスポートではなくアルゼンチンの身分証を提示して割引料金を払い、ひどく得した気分になりました。この効果は、パイネ国立公園では逆。あそこでは、外国人料金を支払わされ、ひどく損した気がしました。

　公園内に入ると、道は短いカーブが多くなり、植物はますます多彩になります。線香花火が弾けたような形をした真っ赤な花を無数につけている高さ3〜4mの低木は、ノトロ（ファイヤー・ツリー、火の木）です。左手のアルゼンチン湖側にはレタマの黄色い小花が、しなった小枝にこぼれんばかりに咲いていました。湖に沿って20分走ると、はるか前方、万年雪を抱いた黒い低い丘陵と丘陵の間に、青白い雪原が、いえ氷原が広がっているのが見えました。ペリート・モレーノ氷河です！私の視線は青白く輝く氷原に釘付けとなりました。氷原は、1秒1秒、走るごとに次第に大きく見えてきて、私の胸のときめきもそれに次いで高くなりました。10分後、氷原が真正面に見える最初の展望台が現れ、そこにバイクを横付けしました。高さ60m、幅4,500mの氷河の巨大な壁、その後方には見渡す限りの氷の平原が、奥へ奥へと続いていました。再び州道へと走り出て、10分、20分、走るにつれて氷原はますます近くなり、30分後、アルゼンチン湖に向かってジグザグに降りていく道が現れ、それを辿ると、駐車場を備えた、第2展望台に到着しました。午後3時半でした。駐車場にバイクを置き、そこからは徒歩で、アルゼンチン湖の湖畔に架けられた厚板の橋の上を歩き、氷河に向かって降りていきました。2人とも、それぞれの過去において、お互いの連れ合いと、一度は、ここへ来たことがありました。が、今回の到着には、格別の感慨が伴いました。風、雨、土埃、そして寒さ。厳しい自然に体をさらして走って来た道また道は、いずれも険しかったからです。

ペリート・モレーノ
氷河を背景に。

　磨かれた鏡のような波ひとつない湖面に、大音響を轟かせて氷河の壁の一部が崩れ落ちると、すでに湖面に浮かんでいた巨大な氷の塊とぶつかり合い、湖面を大きく揺さぶりながら氷のブロックが上へ下へと激しく動き、しかし、氷の重量がすぐにその動きを停止させ、やがてまた湖面は静まり返ります。先端が尖った白い氷の塔が無数にひしめき合って林立しているように見える氷河の、ひとつひとつの氷の尖塔の中心は青く見えました。空の青とも湖水の青とも違う、透き通った深い青。氷の中に青い宝石が閉じ込められているような神秘的な輝きを秘めた青さ。

　氷原の上を霧が流れていきました。同時に冷たい風が吹き起こり、しかし、体が冷え切るのもいとわずに、小一時間も黙って氷河を眼前にして佇んでいました。そして思っていました。随分と長い道のりを走ってきたものだと。

　……2001年1月8日。
　年末年始を日本で過ごされ、休暇を終えて出社していらした社長に私は迫りました。

私に即刻、解雇通知を出して下さい、と。

先輩たちが、皆、現役で亡くなられてしまったため、私が最古参の社員になってしまっていました。

アルゼンチンの労働法では、満10年以上の連続勤務期間を有する従業員を解雇する場合、最終就業日の60日前に、雇用主はその解雇を内容証明付き電報で従業員に通告せねばなりません。私がこの範疇に該当していました。3月31日にアルゼンチン店が閉鎖されるのであれば、1月中にも私に解雇通告がなされねば労働法違反です。私はそのことを社長に指摘したのです。しかし、社長は、そんなに早くミドリさんに通知を出したら、ほかの社員にも知れて、社員は再就職運動にかかりきりになり、もう仕事をしなくなってしまう、ほかの商社にも漏れて商権を持っていかれるかもしれない、と言うのです。これには猛然と抗議しました。"会社の都合で強制解雇になる以上、社員は給料を支払われている期間中に再就職口を捜そうと躍起になるのは当たり前です。私はもう扶養家族もいないので、何をやっても食べていけますが、妻子がいる社員たちはそうはいきません。何百人も社員を抱えている会社であれば、社員1人1人の家庭の事情など考えてはいられないでしょうが、我々はたったの数名です。我々は家族も同様でした。全員で苦労を分け合って商いを伸ばすことに腐心してきた仲間ではないですか！　会社を閉鎖した後の、社員たちの生計の道をある程度確かめられてから、日本へ帰られたらどうですか？""しかし、社員には閉鎖のニュースは当分、伏せているように、という指示をもらっている。僕も会社員だから勝手なことはできない。""そうですか。では、閉鎖されることを知ってしまった以上、期間内に解雇通知を頂けなかった場合、労働法違反で訴えることにします。"

それで、社長は上層部と相談されたのでしょう、1月半ば、事務所に私宛の解雇通知の電報が届きました。以後、社員たちは仕事そっちのけで会社の電話代で再就職活動を行い、保険が利いているうちに精密検査を受けてしまおうと、連日、病院通いをしました。

　輸出課課長であった営業担当は、本社の食料部の代理人となり、社長が住んでいらしたマンションを引き続き借りて、そこを事務所に仕立てて穀物の輸出の仕事を続けることになりました。

　輸入課課長であった私は、産業機械部の丸抱えとなって、ブエノス・アイレスの象徴であるオベリスクから150ｍ、最高裁判所からも200ｍという一等地に事務所を新たに構え、本社がアルゼンチンに残していく債権回収業務を行っていくことになりました。苦労して育てた農薬商いは、農薬の登録をアルゼンチン農業協同組合連合の子会社に譲渡して、アルゼンチン店なき後も末永い商いの継続をお願いし、そのほかの商いに関しては、直接、本社、あるいはアメリカやヨーロッパ店と交信を行って続けてくれるよう、私の顧客たちに頼み込みました。

　アルゼンチン店の会計士は、2つに分かれてしまった事務所を掛け持ちで見ることになり、運転手兼秘書だった男性にも、掛け持ちで事務を手伝ってもらうことにしました。残りの社員たちにもそれぞれの能力に適った再就職口がすぐ見つかったことは、幸いでした。

　2人の課長はアルゼンチン店の什器を原簿価格で購入し、そして3月4日、それぞれの事務所に引っ越しました。その引っ越しも費用を安く上げるために自分たちで行い、社員の家族たちが総出で手伝ってくれました。

　引っ越しが終了した夕刻、社長が私の事務所を訪問されまし

た。

　ここは、何だか、かび臭いね……絨毯を新しく張り替えたばかりだからですよ。接着剤の臭いです……じゃ、あさって日本へ帰るから……どうか、お気をつけて……

　（この方とも長いお付き合いだった。そして、この方のご尽力なしには、私は債権回収業務の仕事を得られなかった。この方が私を本社に強く推薦し、弁護士の資格を持たない私の職能の不足分は、刑法専門の法律事務所を起用することで補うことを提言してくれたからこそ、本社と業務委託契約を交わす方向に話が進んだのだった。）

　アルゼンチンの習慣に従い、頬キスで別れの挨拶を交わしつつ、私は心の中で、社長に深く頭を垂れたのでした。……

　午前1時。白い息を吐きながら、ホステルを出て、人影が絶えた大通りをバスのターミナルへ向かって歩きました。リオ・ガジェーゴスを出発した路線バスが、予定通りであれば午前1時半に到着し、我々のトランザルプの後輪もそのバスに積み込まれているはずです。吹きさらしのターミナルで手足を凍えさせて待つこと30分。バス到着。乗客が降りてきて、荷物が次々に引き出されていきました。あの中になかったら、もう1日、エル・カラファーテに宿泊しなければならない。茶色の包装紙に包まれて、マジック・インキで大きく"ホセ"とだけ書かれたタイヤが出てきたときは、何か大仕事をし終えたあとのような疲労感がありました。

● 2005年1月27日

　朝8時30分。タイヤ交換を済ませて出発。
　アルゼンチン湖の東縁を走り、ラ・レオーナ川（牝ライオン川）に沿って未舗装の国道40号線を北上すると、左手に見えてくるのがアルゼンチンで3番目に大きな湖、ヴィエドマ湖（ついでのことながら、アルゼンチン最大の湖はコルドバ州にあるマル・チキータ、表面積5,770km^2。小さな海、という名前の通り、海のような湖です）。その北側を北西に走っているのが州道23号線の荒々しい砂利道。エル・カラファーテでタイヤを交換したことは、大正解でした。この道を擦り減ったタイヤで行ったらたちまちパンク事故を招きます。バイクは、タイヤが大きな砂利を食むたびに、お尻を右や左に振りながら進みました。
　我々が走る前方には、標高3,405m、フィッツ・ロイ山の雄姿が常に見えていました。目指すは、その山の麓の村、El Chaltén（エル・チャルテン）です。エル・チャルテンはアルゼンチンで最も若い村。1985年10月12日に創設され、南緯49度19分44秒、西経72度55分48秒に位置する、わずか1km^{2}の村です。政府がここに小さな村を設置して人を住ませたのには、この地域をめぐるアルゼンチンとチリの長い国境紛争の歴史が絡んでいるのです。
　アルゼンチンとチリの領土の境界は、1810年に両国がスペインの統治から離れたとき、すでに所有していた領土を尊重することを骨子とした、"平和、友情、貿易と航行協定"なるも

のが、まず、1856年4月に締結されました。次いで1881年、"北から南緯52度までのアンデス山脈に関しては、それぞれの嶺の最も高いところから、水が山の斜面を伝わって東に流れる部分をアルゼンチン領、西に流れる部分をチリ領とする"という解釈のもとに国境が定められました。しかし、アンデス山脈の渓谷部分に関しては、その分水線が明確にされておらず、一方で、チリ政府は分水嶺による分け方ではなく、水源を太平洋に注ぐ水と大西洋に注ぐ水に分け、その分かれ目を国境とするべきだ、という新たな命題を以って国境を東にずらすことを主張しました。両国はそれぞれ専門家を立てて議論しますが合意に達せず、1898年、イギリスのヴィクトリア女王に調停裁判を依頼し、女王は3人のイギリス人判事を指名してこれを試みましたが調停できず、その裁定は1902年、エドワード7世に委ねられました。エドワード7世は、しかし、ヴィエドマ湖よりさらに北にあるLago del Desierto（ラーゴ・デル・デシエルト、砂漠の湖。チリでの呼び名は、ラグーナ・デル・デシエルト）の存在と、フィッツ・ロイ山よりさらに南西に位置するマリアーノ・モレーノ群峰の存在を知らないまま、フィッツ・ロイ山の分水嶺を境界として裁定してしまいます。チリ政府はこの裁定を基にして1921年、現地に入植者を派遣、入植者は1923年、ラグーナ・デル・デシエルトを発見してその湖畔に定住、そしてチリ政府は1934年と1937年の2回に分けて、定住者たちに土地の所有を承認したのです。

　ところが、1947年、アメリカ合衆国空軍がこの地域の航空写真を撮ったことから、国境をめぐる論争がまたぞろ白熱化しました。写真は、フィッツ・ロイ山の南西、南パタゴニア氷原のど真ん中で、氷にすっぽりと包まれているマリアーノ・モレーノ群峰を写し出していました。写真は、その山系の最高峰

から山の斜面を伝わって流れる、氷河が溶け出した水がラグーナ・デル・デシエルトを形成し、そこからRío de Las Vueltas（ラス・ヴエルタス川）となってヴィエドマ湖に流れ込んでいること、を証明していたのです。ヴィエドマ湖から流れ出た水は、ラ・レオーナ川となってアルゼンチン湖に注ぎ込み、そして、アルゼンチン湖の水は、サンタ・クルス川を伝わりはるか大西洋に繋がっていること、は衆知の事実でした。

1949年、アルゼンチン政府は、ラーゴ・デル・デシエルト周辺に入植して定住していたチリ人たちに、リオ・ガジェーゴスに出頭し状況を規正することを求めました。1953年、チリ国軍地理学研究所は、1949年にアメリカ空軍が作成した地図を基にして、ラグーナ・デル・デシエルトをアルゼンチン領土として記した暫定的な地図を作成、しかし、1956年、チリ政府はこの地図を撤廃させて、1958年、国境を少し東にずらした（アルゼンチン側に食い込ませた）地図を新たに完成させました。これに対してアルゼンチン政府は、1902年の裁定に基づいてイギリスで作成された地図、ラーゴ・デル・デシエルトの存在を反映させていない地図を1969年まで公的に使用していました。

ところが、です。1965年10月4日、アルゼンチン国境警備隊が、チリ入植者ドミンゴ・セプルヴェダをリオ・ガジェーゴスに召喚したことから事件が起きました。セプルヴェダは、ラグーナ・デル・デシエルトの北、オ・ヒギンズ湖に駐屯するチリ国境警備隊に救助を求め、警備隊は10月17日、ラグーナ・デル・デシエルトに人員を派遣したのです。両国の大統領は、アルゼンチンのメンドーサで緊急会談を持ち、48時間以内にチリ国境警備隊は現場から撤退すること、で合意しました。この合意事項をアルゼンチン側は、48時間を過ぎても退去がな

い場合は、アルゼンチン国境警備隊が問題の地域に出動してよい、と解釈。11月6日、セプルヴェダ一家が定住していた地区で、未だ撤退せずに残留していた4人のチリ国境警備隊員と、アルゼンチン国境警備隊との間で武力衝突が起きました。チリ側の中尉1人が死亡。撤退命令は、その翌日、届いたのです。ラーゴ・デル・デシエルト湖畔に掲げられていたチリ国旗は降ろされました。が、この事件は、チリの首都サンティアゴで反アルゼンチン運動を引き起こしました。アルゼンチン国旗が焼かれ、アルゼンチン航空や大使館が入っている建物に投石が相次ぎました。12月5日、両国間で再び合意が交わされ、チリは、アルゼンチン国境警備隊の撤退を要求せず、両国により結成された国境混合委員会が問題の解決に乗り出すことになりました。1967年、アルゼンチン国境警備隊は、ラーゴ・デル・デシエルトの警護のための本格的な詰め所を設置します。そして、1985年10月12日、サンタ・クルス州知事アルトゥーロ・プリセッリにより、ラーゴ・デル・デシエルトから直線距離にして約35km南方に、エル・チャルテン、アオニケンク族の言葉で、"蒸気の出る山"という意味の村、が急遽、創設されたのです。旅館が1軒、橋がひとつあるだけの村でした。が、ともかくも、この地域にアルゼンチン人が住んでいるという既成事実を作ること、それがアルゼンチン政府の緊急の課題だったのです。道なく、充分な物資も電気もなく、それでも1991年には41人のアルゼンチン人が定住するようになりました。同年10月31日、アルゼンチン大統領メネムと、チリ大統領エイルウィンは国境論争に最終結論を見出すべく、国際調停を求めることで合意、12月15日、リオ・デ・ジャネイロで調停裁判が設けられ、コロンビア人の裁判官以下、判事はエル・サルヴァドール、ヴェネズエラ、アルゼンチン、チリから1人ずつ

人選、任命されました。両国の陳述は1994年4月11日から開始され、アルゼンチン側は分水嶺基準論を提唱し、チリ側は分水界基準論を述述して、お互いの領土を主張しました。同年10月21日、法廷はアルゼンチン側の主張をほぼ認め、それに対して行われたチリ側の異議申し立てと再審申請を却下して、1995年10月13日、長い国境紛争を終結させたのです。

（2010年1月、我々はラーゴ・デル・デシエルトの北にある、チリ領ヴィジャ・オ・ヒギンズを目指し、ブエノス・アイレスからバイクで旅立ちました。アンデス山脈を越え、チリのプエルト・モントから1,240kmの未舗装道路、国道7号線を辿って南下していったのです。その道程で、数枚のチリの地図を購入しました。面白いことに、それらの地図にはラグーナ・デル・デシエルトの記載がありません。湖だけでなく、フィッツ・ロイ山も含めた湖の周辺約3,000km²相当の地域が灰色に塗りつぶされているのです。勿論、国境は記されていません。この部分の但し書きとして、"フィッツ・ロイ山からダウデット丘陵までの境界線を決める必要がある"とあります。国境問題は、少なくともチリ側ではまだ完全に解決したわけではなさそうです。）

州道23号線。乾いた土、不規則にばら撒かれた大きな砂利道。幸い雨は降らず、むしろ穏やかに晴れていました。我々の走る道の前方には、フィッツ・ロイ山が、鋭い剣の先のような頂を天に突き通し、左側にはポインセノット山（3,002m）、スワレス山（2,482m）、サン＝テグジュペリ山（2,558m）、右側にはメルモーズ山（2,731m）、ギヨーメ山（2,579m）の尖った峰々を従えて、青いシルエットを作ってくっきりと浮かび上がっていました。これらの峰は、通常、厚い雲に抱かれてい

エル・チャルテン、アオニケンク族の言葉で、"蒸気の出る山"という意味の村。

て、姿を現すことはまれなのですが。幽玄とした風景に手繰り寄せられるようにしてバイクを進め、"蒸気の出る山"、常に雲を抱いている山、であるフィッツ・ロイ山の麓の村、エル・チャルテンに到着したのは午後1時でした。

　赤・青・黄色・オレンジ・ブルー、と様々な色に塗り分けられ、小さな花壇に咲いた色とりどりの花のような宿泊施設群の中から、2階建て、群青色の長い鋭角の屋根、クリーム色の壁に大きな丸窓がはめられている、北欧風のホステルを選びました。

　土埃にまみれたライディング・スーツを脱ぎ、シャワー・ルームに直行。しかし、5分待ってもお湯は熱くならず、シャワーを浴びるのは断念。一方、疲れ切ったホセは顔だけ洗い、ベッドに横になると、すぐ寝息を立て始めました。が、我々はまだ昼食前です、気の毒でしたが揺り起こし、食事のできる場所を捜しに出ました。

　村は、端から端まで歩いても、ものの5分で尽きてしまいます。住民は当時、300人余。目抜き通りとも言うべきラーゴ・デル・デシエルト大通り、その埃っぽい砂利道の脇に、壁の下

半分が石造り、上半分が丸太造り、オレンジ色のトタン屋根で葺いた可愛い平屋のレストランがありました。その日の定食メニューはロクロ。ロクロというのは、アンデス山脈の北、ボリヴィア、ペルー、コロンビアの山岳地帯の料理、アルゼンチンではトゥクマン州やサルタ州の郷土料理なのですが。ロクロの好きな私は喜んで注文しました。カボチャが煮とけた濃い橙色のスープの中に、よく煮込んで柔らかくなったリャマの肉塊と、大人の親指の先ほどもある白トウモロコシの粒、そして白隠元豆。この3つの食材だけは正体をつきとめましたが、それ以外の混入物が何であるのか。が、ロクロとは本来そういう食べ物。動物の胃袋、腸、ひずめ、尻尾、など何でもかんでも細かくしてぶち込み、ひたすら煮込んで正体を判らなくした節約鍋の一種なのです。そのどろりとした得体のしれない煮込みスープに、これもどろりとした赤唐辛子ベースのチミチュッリというソースと、鮮やかな緑の芳香草、コリアンダーを刻んだものをかけて食べるのです。私はコリアンダーの強すぎる香りが嫌いなので、それをスプーンで除けて食べたところ、思いがけなくトゥクマンやサルタで食べたものより美味でした。この濃厚な味の脂っこい料理の消化をよくするには、やはり濃厚な渋みと酸味のあるマルベック品種の赤ワインが必要です。ルビー色の液体を少しずつ喉に流し込みながら窓の外を見ていると、東洋人らしい一対の男女が登山杖を突きながら、トレッキングを終えて村に入ってくるのが見えました。初老の男性が先に立ち、2mほど後ろをやはり年長の女性が歩いてきます。この歩行位置関係は、まさしく日本人夫婦の図式。夫婦は、我々が宿泊しているホステルの方向に歩いて消えました。

　1本のワインを2人で長い時間をかけて呑み、デザートにチョコレート・ケーキを注文してこれも長い時間をかけて食

べ、最後にコーヒーを飲んでようやくテーブルから立ち上がりました。ホステルへ戻り受付で確認すると、思った通り日本人夫妻が1組、投宿していました。

● 2005年1月28日

翌朝、朝飯前のツーリングとして、45km北方にある、国境紛争の舞台となった、ラーゴ・デル・デシエルト、砂漠の湖を目指しました。すでに風景の一部とも言える石ころだらけの道を、土埃を巻き上げながら10kmほど走ると、フィッツ・ロイ山は我々の後方にその姿を隠しました。土埃はますますひどくなり、ついに私は日本の使い捨てマスクを取り出し、ホセにもその装着を強要、マスクを着けて走っていった未舗装道路ツーリングのビギナーたち。その後、土埃を吸っても体にはさほど毒にはならない、という独断を下して、ヘルメットのシールドを曇らせるマスクの着用は、この日、1日だけで取りやめましたが。

強風で風化が進み、岩肌がむき出しになっている低い丘陵を見ながら走ると、やがて道幅は次第に細くなり、落葉樹のレンガ、常緑樹のギンドなど、南パタゴニア地方特有の木々が密生する森林地区に入りました。と、道端に何か黒い動物がうずくまっています。バイクがその横を走り過ぎるとき、黒い長い毛に包まれたその動物は、丸い大きな尻尾を高々と持ち上げ、私の左足のブーツに何かをひっかけたのです。走り去り際に、私はその黒い小動物の頭から背中にかけて、太い2本の白い筋があるのを認めました。スカンク！　ソッリーノ・デ・パタゴニ

アと呼ばれるスカンクの一種でした。そう悟ったと同時に、その肛門から発射された液体の強烈な臭いが私の左足から立ち上ってきました。その臭いは、アンモニア臭でもなく硫黄臭でもなく、玉ネギとニンニクと韮(にら)とラッキョウを刻んで混ぜて焦がしたら、多分、造れるのではないかと思えるような、つまり、その成分には生命に危険を与えるものは何もないと判断できる健康的な悪臭で、その臭いをかぐことは、私にとってそれほど苦痛ではなく、むしろ懐かしい匂いなのです。これまでにもこの匂いを何回か嗅ぎました。車で走っているとこの匂いが漂ってくる、さらに数百m走ると、道路にソッリーノがひき殺され、押しつぶされて張り付いているのです。死に際に発射させた匂いがはるか遠くまで匂ってくるのですが、都心にはスカンクはいませんから、この匂いは田舎でしか嗅げない匂い、田舎へはバケーション・シーズンにしか行きませんから、この匂いは私にとっては楽しいバケーションでの思い出を喚起させる懐かしい匂いなのです。ソッリーノの匂いを漂わせながら、ラス・ブエルタス川に沿って走り、砂漠の湖の南、州道23号線の終着点に到着したのはまだ7時半でした。木製の古い鄙(ひな)びた小さな桟橋には、詰め込めば20人ほどが乗れそうな、8時半出航予定の黄色い小型フェリーが1隻、碇泊していました。フェリーは、アルゼンチン国境警備隊詰め所のある、湖の北端まで12kmの距離を約45分かけて航行し、そこで乗客が記念撮影やミニ・トレッキングができる時間として40分ほど碇泊した後、またこの桟橋に戻ってくるのです。

　乗客が桟橋に集まってきました。乗客たちは、フェリーに乗る前に湖畔に設置されたボックス型移動式公衆トイレに入ります。私も約1時間走って来ていますので、念のためトイレを使用することにしました。それで私がトイレに近づくと、周囲の

ご婦人たちが、何かヘンな臭いがする、と大騒ぎを始めました。私もそ知らぬ顔をして、本当にヘンな臭いがしますね、と頷きました。変な臭いを発している張本人であるとは、さすがに通告できなかったのです。トイレから戻り、ここまで走って来た証しの写真撮影。幾条もの万年雪の筋を斜面に這わせた灰色の丘陵が、エメラルド色の砂漠の湖の奥深く北に向かって延々と続いていました。バイクを置いてはいけない我々はフェリーには乗らず、引き返しました。

（2010年1月、チリのヴィジャ・オ・ヒギンズへ行った際、村からバイクをさらに7km南に走らせると、オ・ヒギンズ湖の東側湖畔にあるバアモンデス港に出ました。この港から出航するフェリーで約3時間航行し、オ・ヒギンズ湖の南端、カンデラリオ・マンシージャ港で下船、ここでチリ国境警備隊の詰め所に出頭して国境越えの手続きをし、あとは徒歩で獣道を辿ってチリ側14km、アルゼンチン側6km、合計20kmを約5時間かけて行けば、砂漠の湖の北端、アルゼンチン国境警備隊の詰め所に出られる、と教えられました。2005年1月当時には開かれていなかった国境越えの新ルートなのです。バイクでは走れない道であるのが残念ですが。）

エル・チャルテンの村まであと半分という地点まで引き返してきたとき、道端に1台のタクシーがタイヤのパンク事故を起こして立ち往生していました。そして中には、あの日本人夫妻が！　スペイン語をほとんど話せず事態に困惑していました。タクシーにはタイヤのスペアがなく、救助を求める無線機もなし、もとより携帯電話は村の周辺でしか使用できませんので、誰かが通りかかるのをひたすら待っていたのです。ホセは、タクシーの会社名と車のパテント・ナンバーを控え、エル・チャルテンへ着いたらすぐ替わりの車を手配してよこすから、と

言って私に訳させ、残りの距離を走りに走って村へ到着し、替わりのタクシーの手配を終えると、村役場へ直行して、例のタクシーの管理のずさんさを告発したのでした。それだけのことをした後で、ホステルへ戻って遅い朝食を摂り、ホセがバイクの点検と出発のための最終準備を行っている間に、私は朝食のテーブルの上の、使い捨ての紙のテーブル・クロスを使用して、あの日本人夫妻に宛てた日本語のメッセージをしたためました。ブエノス・アイレスの私の住所と電話番号も。それをフロントに預けて、ご夫妻の旅路の無事を祈りました（このご夫妻とはブエノス・アイレスで再会、友好を深めました）。

11時半。州道に出ようとしたとき、ガタガタと戻って来た乗用車1台。昨晩、我々と同じホテルに投宿し、ほんの5分前に出発した若い夫婦でしたが。尖った石ころを踏みつけて、たちまち2輪がパンクしたのだと。タイヤを新しくしなかったのが運の尽き。お気の毒。

昨日走ったヴィエドマ湖北側の94kmの荒々しい砂利道を再び走り、国道40号線に出ました。樹木のない、乾いた殺伐とした南パタゴニア台地特有の風景の中を35km走り、Tres Lagos（トレス・ラーゴス、3つの湖）という場所に到着。この地名の由来は、この場所から西へ行けばヴィエドマ湖が、北西へ行けばタール湖とサン・マルティン湖（1,013 km^2のこの湖は、ほぼ中央でアルゼンチンとチリに分断されて領有されており、チリ側はオ・ヒギンズ湖と呼ばれて554 km^2）があるからです。また、トレス・ラーゴスは、ここからさらに北に延びている国道40号線と、東に向かって大西洋岸へ至る国道288号線、北西に走ってサン・マルティン湖畔のチリとの国境付近まで続いている州道31号線が交差する重要な分岐点です。ここで給油を怠った人は、どちらの方向へ走っても後悔します。

北側の次の給油所までは172km、東側は224km先、南側も163km地点までガソリン・スタンドはないからです。トレス・ラーゴスで給油をする心積もりでここまで走ってきた人たちにも、1か所しかないガソリン・スタンドにいつでもガソリンがあるという保証はありません。もし、ガソリンがなかったら。そのときは、ガソリンが到着するまで待つ覚悟で走っていました。人口200人足らずの小さな村には宿泊施設が寡少で、そこすら満室になっていた場合、牧場の納屋を借りるか、キャンプをするか。が、幸いにも、この日、ガソリンはありました。タンクが満たされると、気持ちが豊かになり、自分もお腹一杯食べたような気分になるから不思議です。

　トレス・ラーゴスを出ると、国道の両側には、メセータと呼ばれる低い台状の丘が幾重にも連なり、時折、高さ30cmほどの、とげのある植物の丸い茂みが国道わきに現れるほかは、草木はまったく見当たらなくなりました。単調な風景に変化をもたらしてくれるのは、この辺りに棲息している動物たちです。十数頭で国道沿いに群れているグアナコは、我々を認めるとやおら跳びはねるようにして国道を横切り始めます。グアナコは野生、これを家畜化したのがリャマ＝ジャマ（ブエノス・アイ

パタゴニア台地。国道を横切るグアナコの家族。

パタゴニアのニャンドゥーは絶滅が危惧されており、国道40号線でも滅多に現れませんでした。

レスではリャマをジャマと発音します）。ジャマは目印のために耳に鮮やかな色のリボンが結ばれていることが多いのですぐ区別がつきます。が、この辺りで目にしたのは、グアナコだけ。そしてコミカルなニャンドゥーの一家。ニャンドゥー（英語名はレア）はダチョウより数段体が小さい分、動きがすこぶる敏捷です。バイクのエンジン音に驚いた親鳥が、羽を広げながら大きな両脚でばたばたとジグザグに走って国道から猛スピードで遠ざかると、あわてふためいた1ダースほどのひな鳥は、右に左にてんでばらばらの方向に走ってしまいます。そのうちの逃げ遅れた何羽かは、咄嗟の判断で走るのをやめて体を地面に沈めます。そうすると、茶色味をおびた灰色のその体は、乾いた大地の色と紛れてしまい、我々の目にはまったく見分けがつかなくなってしまうのです。ユニークなのは、アルマディージョと呼ばれているアルマジロの一種です。これが国道を横切ることを決心したときは実に堂に入っています。バイクがクラクションを鳴らそうが、トラックが走ってこようが、一旦、道を渡り始めたら物に動じず、わき目もふらずに一定の歩調で渡り切るまでその歩みを止めません。勢い、跳ね飛ばされて道端にあっけなく転がってしまう気の毒な結果になることが

多いようです。

　80kmほど走ると、左手にLago Cardiel（カルディエル湖）が見えてきました。乾き切った景色の中を走ってきて、それが水のある風景に変わるとき、いつも心が大きく弾みます。カルディエル湖は、毎年、イースター週間（3月の終わりか4月に祝うキリストの復活祭の休暇）に鮭釣り祭りが催され、台地が延々と続くだけの何の変哲もない荒野を、何百kmも走って釣り人たちが多数集まってくることで有名です。表面積460km²のこの湖に、釣り人たちを狂喜させるほどたくさんの鮭科の魚が棲息しているのには、その理由があるのです。

　1940年代、フエゴ島のファニャーノ湖に向かって航行していた1機の飛行機が嵐に遭遇し、大きな湖の湖畔に着陸を余儀なくされます。飛行機は、ファニャーノ湖に放して養殖するための鮭科の魚、大西洋サーモンや虹ます、川ますなどの稚魚を運んでいた最中でした。暴風雨は容易に静まらず、稚魚が死んでしまう前にと、当時、その名前もまだ知られていなかったカルディエル湖にすべての稚魚を放流したのです。アルカリ・イオンに富むカルディエル湖の水の中で、稚魚はよく育ち繁殖しました。一方で、アルカリ・イオンが多い水で育った鮭は食用には適さないと言われており、ここで釣った鮭は大きさを確認したあと、そのほとんどをまた水に還します。ですから、鮭の宝庫なのです。

　ところでカルディエル湖畔を走りながら、一旦、弾んだ私の心は、急にある不安に捉えられ始めました。水深300mの水を湛えた湖面が、折りしも夕陽を反射させて美しく黄金色に光っていたからです。そうです、もう夕刻になっているのです。次の給油地であり宿泊施設のある町までは、さらにあと80kmを残していました。日没後の数十分間の薄明を目一杯利用して走

り続けるか、あるいは、カルディエル湖周辺に幾つか点在している牧場のどこかひとつに一夜の宿を請うか。一番近い牧場は国道から外れて数kmほどのところに位置しているようですが……走り続けることを決断しました。目指す町は、Gobernador Gregores（ゴベルナドール・グレゴーレス）。

　国道40号線と州道29号線の交差点までバイクを進め、そこで一旦、停止して、東方に真っ直ぐ延びている州道29号線の行方を見遣りました。道は細い1車線、深いわだちが続き、わだちの間の盛り上がった土には雑草すら生えています。車がほとんど通らないという証拠です。そしてひとたびこの道を走り出したら、もうUターンはできないでしょう。Uターンする道幅がないのです。後戻りのできない道。でも、そこを行くしかありません。

　給油するためには、この雑草の生えている州道29号線を57km走ってゴベルナドール・グレゴーレスの町へ行くか、国道40号線をさらに225km北上してBajo Caracoles（バーホ・カラコーレス）の村まで行くかしかないのですが、トレス・ラーゴスからはすでに115kmを走ってきました。タンクに残っているガソリンと、ポリ・タンクの予備4リットルを合わせても、走れるのはせいぜいあと160km程度、選択の余地はありませんでした。バイクを降りて水を飲み、2人とも念のために用も足しました。暮れかかった空の下、広大無辺の大地の上で、息づいているのはあたかも我々2人だけ。その大地の点景となってわだちの上を走りました。

　ほんの少しの動きがバイクのバランスを崩し転倒に繋がることを恐れて、ホセの背中にぴったり張り付き身を固くして息すら細くしていたとき、ホセがインターコムで話しかけてきました。バック・ミラーで後ろを見てご覧、と。空と雲が上層部か

1月28日。目指す町はゴベルナドール・グレゴーレス。21時25分。日没。

ら地平線にかけて、紺・紫紺・赤・オレンジ色に染まっています。太陽が燃え盛ってまさに地平線に落ちようとしていました。写真を撮るためにバイクを降りることは叶いません。わだちは、何日か、あるいは何週間か前に降った雨の跡に出来たぬかるみを、何台かの車が走ったために激しい凹凸を作って堅く固まっており、今、走るのを止めたらすぐ転倒しそうです。最小限の身動きで、ツーリング・ジャケットの外ポケットからそっとカメラを取り出して、シャッターを切るだけにしてホセの左手に渡し、ホセは走りながらカメラのレンズを後ろに向けて見当をつけてシャッターを切りました。21時25分。心細げな我々の顔左側半分の横には、地平線に没し始めた太陽の、最後の壮絶な輝きが写っていました。

　ゴベルナドール・グレゴーレスの町は、リオ・チーコ（小さな川）と呼ばれる、しかし、その名前に反してかなりな激流を持つ川の河畔に出来た町です。20世紀の初めまでは、先住民アオニケンクが狩猟用の宿屋を置いていました。町から約2km東に、ピューマが数多く棲息していた峡谷があるからです。1922年、1人のオーストリア人が、ピューマの峡谷から5km北、リオ・チーコの岸辺に丸太を組み立て、20リットル入り

の古いドラム缶のブリキを使って屋根を葺いた小屋を建て、この辺りを馬車で通行する旅人のための鍛冶屋を開業しました。ヨーロッパ人としての住人、第1号でした。ときを同じくして1人のフランス人が移住して、アルファルファとジャガイモ、小麦と大麦畑を開墾、その後、続々とヨーロッパ人たちが入植し、1925年1月2日、町はカニャドン・レオン（アメリカ・ライオン、つまり、ピューマの峡谷）と命名されました。我々は今、薄暮の中、まさにそのピューマの峡谷に向かって走っているのです。わだちの道はやがて砂地に変わりました。水が乾いた川の、浅瀬の中を走っているようなものです。砂が深い部分に差しかかると、バランスをよくするためにホセはバイクのペダルの上に立ちました。やじろべえの原理なのです。それでもふらつくので、ホセは、私にも後部ペダルの上に立つように命じました。2人してペダルの上に立ち、迫り来る夜の闇から逃げるようにして走り続ける我々。が、ついに夜の闇が我々を捉えました。泣き出したい気分でした。月はなく、バイクのヘッド・ライトの灯りだけが頼りでした。と、闇の中から淡い緑色に光る点が無数に浮かび上がりました。緑色の光は2個ずつ対をなし、上下に揺れながらほぼ同じ方向に移動していきます。野ウサギの目です！　バイクの音に驚いた野ウサギの群れが闇の中で跳びはね、目の反射光だけを残しながら逃げていく不思議な光景でした。日没からきっかり1時間後、道はらせんを描いた下り坂となり、そのはるか下、チーコ川渓谷に薄ぼんやりと広がっている町明かりが見えてきました。あそこに人間が住んでいる証拠です！　このときほど我々以外の人間の存在が恋しく思えたことはありません。その町明かりを目指してそろそろと坂を下りていきました。カニャドン・レオンの町は、1958年、住民たちの希望により、1932年から1945年の間、サ

ンタ・クルス州知事を務めたフアン・マヌエル・グレゴーレスを偲んで、ゴベルナドール（知事）・グレゴーレスという名前に改められました。峡谷に棲息していたピューマたちも、そのころまでには入植者たちにより、家畜を襲う魔物として射殺され、絶滅させられていました。が、いつ何時、我々のバイクの前にピューマが飛び出してきてもおかしくないほど、深い渓谷の底にその町はありました。長かった1日がようやく終わろうとしていました。

……3万3,319ペソ（3万3,319ドル相当）。

これが、10年4か月、アルゼンチン店に勤務した私に対して支払われた退職金と、消化していなかった有給休暇を会社に買い取ってもらった金額の合計でした。

私はそれをそっくりドル建て定期預金にし、その証書を自宅の居間のグランド・ピアノの上の、エンリケの遺影の前に置きました。感無量でした。

船会社代理店で秘書をしていた1年間も含めると、アルゼンチンで働き始めて12年4か月、その期間中、私は毎月のサラリーから少しずつ貯金をし、それがすでに2万ドル以上にもなっていました。小さなワン・ルーム・マンションがひとつ買える金額でした。そして退職金も含めると、当時としては、ちょっとした財産でした。ですが、その財産を共有して享受する伴侶を失ってしまっていました。私はどこで生き方を間違ってしまったのか。

財産の共有と言えば、それに関して、またひとつ、苦い体験がありました。

アルゼンチン店が閉鎖して数か月後、私のお姑さんは私に対してエンリケの遺産相続請求訴訟を開始したのです。

アルゼンチンでは結婚後に入手した財産は、皆、夫婦の財産とみなされます。私たち夫婦の場合、2人が住んでいたアパートは、結婚する以前、独身時代に私が購入し、私名義で登記した財産ですから、これは対象外。しかし、私名義の銀行預金に関しては、結婚が成立した日の預金額からが夫婦の財産とみなされます。お姑さんは、この預金額の半分、つまり、エンリケの分に対して、エンリケの成人している2人の娘、及びお姑さん自身に相続権がある、として、財産の分配を請求してきたのです。法的にはこの請求は正しいです。しかし、何という理不尽、という思いがしました。

エンリケは私との結婚期間中、ホテルやレストランの給仕の仕事に何回か就業しましたが、健康上の理由でいつも長続きしませんでした。エンリケが体に負っていた無数の火傷は、特に両下肢に集中していて、そのために血流が悪くなり長時間の立ち仕事は無理でした。だから事務の仕事を捜すのか、というとそうでもなく、一方で、私にはエンリケに経営者として独立した仕事を持たせてあげる金銭的資力がありませんでした。私自身、自分の体だけが資力でしたから。その体を酷使して、ときには36時間不眠不休で働いて貯めたお金を、お姑さんと会ったこともない娘たちに分配しなければならないことは、私にとっては苦痛でした。しかも、お姑さんの請求の中には、エンリケの遺体を、お姑さんと娘たちの承諾なしに、"非合法的"に火葬にしてしまったことに対する慰謝料も含まれていたのです。私から、取れるだけのものは取ってやろう、というお姑さんの意気込みには感心しました。しかし、取られるわけにはいきません。私にとっても、唯一の虎の子なのです。幸い、お姑さんは、私が、アルゼンチン店閉鎖後、高名な法律事務所と一緒に仕事をしていることを知りません。有能な弁護士をつけて

もらって法的対策を講じることに不便はしません。しかし、その必要はなくなってしまいました。

2001年12月3日、私の銀行預金は、アルゼンチン一般国民の銀行預金と一緒に、凍結され、引き出せなくなってしまったのです。

アルゼンチンでは、その年の3月ころから銀行預金の引き出し、海外への流出が目立ち始め、1月の時点では850億ドルあった銀行の総預金高が、11月には670億ドルにまで減っていました。12月3日、政府は法令1570を発令、金融機関と国民に預金の引き出しを禁止したのです。この措置は、後に、"コッラリート"と呼ばれるようになりました。乳児を入れる歩行器のことです。アルゼンチン国民の預金は歩行器の中に入れられ、自分の意思では預金を出せず、また何をするにもその歩行器を引きずっていかねばならなくなったのです。

具体的には、1口座からの現金引き出し額は、1週間当たり250ペソ（当時、1ペソ＝1ドル）に限られました。海外送金は中央銀行がその理由を厳格に審査し、輸入決済以外はほとんどが不可とされました。海外に住んでいる親が病気・入院したので入院費や薬代を送金したい場合でも、現地から医師や病院の請求書・証明書を取り寄せ、公証翻訳に出して中央銀行に提出し、審査が通ったケースのみ、5,000ドルを上限として送金が許可される、といった具合でした。緊急時にはまったく間に合わなかったと思われます。

ドル建て定期預金は完全凍結されました。が、その預金が、2001年12月1日以前に受け取った退職金であることを証明できれば、定期預金を解約・ペソ化して普通預金口座に移璨できる、という例外が認められていました。また、国内銀行口座間の送金は自由でしたから、私は、会計士の協力を得て、新たに

5つの普通預金口座を開設しました。その上で、ドル建て定期預金を解約し、ペソにして普通預金口座に移牒、それを新たに開設した5つの口座に分けて送金し、毎週、全部で6つの口座から250ペソずつ引き出し、短期間ですべての口座の残高をほとんどゼロにすることに成功したのです。

しかし、2万ドル余のドル建て普通預金に関しては凍結されたままでした。

この凍結が解除されたのは、私が口座を有していたシティバンクの場合、2003年1月31日からの7日間だけ、"1ドルを1.40ペソに換算することに同意するなら、全額をペソで引き出すことを認める"という政府の"特赦"が適用されることになりました。これを利用しなかった場合、預金はドル建てのまま10年満期の国債に変換されるのです。10年後のアルゼンチン経済の状況など想像もできませんでした。アルゼンチン国家そのものが、もう存続していないのではないか、とすら思えました。10年後にドルで支払われるより、今日、ペソで支払われることを選びました。受け取った2万8,000ペソで、私は再びドル現金を購入、しかし、ドル購入レートは、すでに1ドル2ペソに跳ね上がっていましたから、2万ドルあったドル預金は1万4,000ドルに目減りしました。

目減りしてしまったドル現金を手に握り、私は考えました。自宅にこれを置けば、泥棒に盗まれるかもしれない。何かに投資しても失敗して失うかもしれない。盗まれもせず、失いもしないこと。このお金で何かを習得し、技術として自分の身に付けてしまえばいい！　ならば、いっそ、全額を短期間で使い切れるものがいい。思い付いたのが、ヘリコプターを飛ばすこと。

民間教習所で80時間を飛んだ後、パイロットになるために空軍の試験を受けました。試験は筆記と実技。筆記の科目は民間パイロットの場合、3科目。航空力学・気象学・航空医学。総合で85点を取得して合格。ところが、実技の試験には、民間パイロットには要求されない難しい実技の実践が2つ、通常の課題に加えて要求されたのです。ひとつは、地上に建てられたポールを支点として、ヘリコプターの機首を絶えずポールに向け、地上8フィートでホヴァリングしながら、一定の速度で機体を左右に360度旋回させること。ちっぽけな東洋人の女なぞにアルゼンチンの空を侵されてたまるか、これでふるい落としてやる、という、試験官の意地悪い気持ちが、その右目の端にちらりとのぞいたような気がしました。が、実は、私はこれが得意なのです。背が低く、足も短いですから、シートの背中にクッションを当ててようやく足がペダルに届くのですが、風の速度と方向を充分に計算に入れ、細かくペダルを操作しながらテール・ローターの角度を変え、安定したホヴァリングで機体をまず右に360度旋回。パス。次に難しい左旋回。これも、見事に決めて合格。そして要求されたもうひとつの難しい操縦は、機体を90度回転させながら行うオート・ローテーションでした。航行中にエンジンがストップした、緊急着陸したいが進行方向には障害物がありできない、機体を90度旋回させた前方には空き地があるのでそこへ軟着陸させる、という訓練なのですが。これを私はまだ2回しかやったことがありませんでした。商業パイロットにのみ要求される訓練だったからです。
　それを試験官に告げたとき、パンサ（お腹）というあだ名の試験官は冷ややかな声で、"デモストラメロ（やって見せろ）"と。覚悟を決めました。念のために800フィートまで上昇。エンジン出力をゼロにするため、思いっきり左手でコレクティヴ

ヘリコプターを操縦する著者。

を押し下げると、太った試験官のお腹がシートから跳ね上がり、機体は急降下し始めました。それを右手で握ったサイクリックでコントロールし、メイン・ローターが受ける風の流れを利用してさらに前進させながら、機体を90度右回旋させる間に、木やら、家やら、牛やら、電線やらが次々に目に飛び込んできますので、それらの障害物を避けて機体を空き地のある場所まで前進させ、地上40フィート付近でサイクリックを充分手前に引き機首を持ち上げ落下を緩和させ、機首が再び下がり始める次の瞬間にコレクティヴを引き上げエンジン出力をオンにして、地上10フィート付近で……何とかホヴァリングに持ち込めました。この間、わずか数秒間。実際の緊急時にはエンジンは止まっているのですから、ホヴァリングはできず、機首を持ち上げ落下速度を殺した後、機体をできるだけ軟らかく地上へ不時着させることになります。

真っ青な顔となった試験官。"いや、あなたの勇気には感心しました。満足です"と言い、基地へ戻ってからパイロットとなった証明書に署名して渡してくれました。本当は、私の方こそ、試験官の異常な勇気に呆れ返っていたのです。あのとき、

私が操縦を間違っていたら、機体はたちまち地上に激突、2人とも呆気なく死んでいたからです。

とにかく、こうして、私は、ヘリコプターを操縦してアルゼンチン空域を侵している、唯一の日本人になりました。

私のお姑さんも、自分の銀行預金凍結解凍対策に大わらわであったと思われます。当時、アルゼンチンの全国民が、政府の金融措置に怒り、昼でも固くシャッターが下ろされた銀行の入り口をハンマーで叩き、夜は鍋・釜を叩いて大音響を発して群居・行進して強く抗議しました。

2001年12月20日、午後4時ころ、私の事務所が入っているビルの真下のコリエンテス大通りを通って、数百人単位の市民が怒濤のごとくオベリスクに向かって集結、ビルに火をつけ、打ち壊し、これを阻止しようとした騎馬警官隊と衝突。その間、私の事務所の電話はひっきりなしに鳴り続けました。暴動が起きている場所が、私の事務所の真下であることをテレビ中継で知った弁護士が、友人が、かつての顧客たちが、私の安否を心配してかけてくるのです。すぐそこから脱出しろ！と。ですが、窓から見た下は、上半身裸になった市民たちの暴動と混乱と警官隊の銃撃の真っ最中で、そんな中に出ていくより、このままこのビルの10階の事務所に潜んでいる方が、よほど安全と思われました。でも、万一、このビルに火災が及んだら。そのときは、屋上に逃げそこで焼け焦げるか、飛び降りて死ぬことを覚悟しました。

19時。デ・ラ・ルーア大統領は辞任を表明。大統領官邸からヘリコプターで脱出。市民暴動は収束しました。死者39名。うち、9名は未成年でした。

一夜を水とクラッカーだけで過ごした私は、翌朝8時、恐る

恐るビルから出て、昨夕の惨劇の名残の赤黒い血溜まり、焼け焦げた車両とビルの一角、散乱しているガラス……を見ながら、数百m歩いて銀行街へ入り、そこで営業していたレストランを見つけて、ようやく熱いカフェ・コン・レーチェ（ミルク入りコーヒー）と、メディア・ルーナ（クロワッサン）の朝食にありつけたのでした。

12月23日、ロドリゲス・サアが新大統領に就任し、デフォルト（債務不履行）を宣言。国庫破産という経済危機と大混乱の中で、お姑さんが開始した訴訟は、その過程で3か月以上、動きがなかったケースは自動的にファイル・クローズされる、という原則が適用され、沙汰止みになってしまいました。

ところで、"コッラリート"が施行される2か月前、私は、私の元顧客の1人から、"MIDORI、もし、国内に銀行預金があるなら、至急、国外に持ち出してしまった方がいいよ"というアドバイスを受けていました。近々、預金が凍結される、という情報をどこからか入手していたのでしょう。しかし、私には、当時、素早く対応する気力も体力も残っていませんでした。

夫の死、職場の閉鎖、新事務所の開設、という人生の大波が、たった6か月の間に次々と押し寄せ、それらを乗り越えようとしていた無理が体に出ました。2001年8月には脱水症状となり、救急病院の手当てを受けました。喉がひどく痛むので水を飲まないでいたのですが、急性の化膿性扁桃腺炎になっていました。自宅安静・6時間ごとに抗生物質の注射を受けることが処方されました。それで、24時間営業の薬局が目の前にあり、ブエノス・アイレス港を見下ろせる高層ホテルの1室に泊り込み、6時間ごとにベッドから這い出して薬局へ行き、注射を打ってもらいました。食事はホテルのルーム・サービスで済

ませる贅沢を自分に許しました。高熱による発熱と悪寒に耐えながら、私は、高層ホテル最上階の部屋からブエノス・アイレス港を見下ろしていました。

ブエノス・アイレス港には、メネム大統領の行政管理下、様々なウォーター・フロント改革が行われました。

まず、1991年、カーゴ・リザヴェーション条令の廃止。この条令は、アルゼンチン船籍の船に優先的に貨物を船積みさせ、外国船にはアルゼンチン船の船倉が満杯である場合にのみ、船積み権が与えられる、という悪評高い規制でした。また、同条令により、アルゼンチンにあるすべての港がA.G.P.（General Port Administration）という政府機関に管理が委ねられていましたが、条令廃止以降、それぞれの港は、港が位置する州に管理が移牒されました。

そして、1994年、ブエノス・アイレス港に、いよいよ、プライヴェート・セクターの手が入りました。プエルト・ヌエヴォ（ニュー・ポート）と呼ばれていた港湾地区が5つのターミナルに分割されて、5つの企業が営業・管理することになったのです。一方、ドック・スール（サウス・ドック）として知られていた地区は、ブエノス・アイレス州の管轄に残されました。が、そのコンテナ・ターミナルは民営化されました。これにより、6つのコンテナ・ターミナルは猛烈な競争を開始。結果、コンテナ・チャージは半額となり、トラックへの積み込み待ちの時間も短縮され、貨物の盗難や損傷事故が減り、サボタージュやストライキの発生も極小化されたのです。これらのブエノス・アイレス港の発展の歴史は、貿易事務を生業としていた私の移住生活の歴史と重なっていました。何回、何十回、港の保税地区へ行き、沖仲士たちの冷やかしの言葉や、囃しの口笛を聞き流しながら、問題を起こしたカーゴの検査を行った

ことか。その都度、私は貿易事務のプロとしての見識を深め、少々の事件・事故には動じない、ふてぶてしさを身に付けていきましたが。……目覚しい発展を遂げたブエノス・アイレス港を眼下に見ながら、私は、最後に私が心から笑ったのは、いつのことだったろうか、と考えていました。

そして迎えた2001年9月21日、アルゼンチンの春の日。

この日、私は子宮筋腫摘出手術を受けるため、海軍病院に入院しました。

付き添いもなく、ホテルにチェック・インするような気軽さで入院してきた私を、看護婦は咎めました。"身内の方はいらっしゃらないのですか？""アルゼンチンには1人もいません。""お友達の方は？""皆、仕事を持っていて忙しい人たちばかりですから、頼みませんでした。""誰かお身内かお知り合いの方が手術の同意書に署名しなければならないのですよ。""私が署名します。""勿論、患者さんも署名するのですが、もう1人の署名が必要なのです。""そこにも私が署名します！"

結局、私だけが署名して手術が行われ、子宮と卵巣のひとつが摘出され、5日間の入院を終えた後で退院許可が出たときは、さすがに、ホテルをチェック・アウトする気軽さで、病院を出ることはできませんでした。それで、一番親しい友人に電話し、しかし、その友人は重要会議が入っていて会社を抜け出すことができず、その友人の友人が連絡を受けて駆けつけて来てくれました。

私は、入院する前に、事務所の一室を寝室にして、ソファ・ベッドを購入し、簡易キッチンには炊事ができるだけの用具を備えて置きました。退院後は、自宅と事務所を毎日往復することなく、事務所に2か月寝泊りし、仕事をしながら療養できるようにしたのです。

そして、医師から全快宣言をもらった後でも、主人が死んだ自宅へ帰って寝ることは、もう二度とありませんでした。……

● 2005年1月29日

1月29日。旅の16日目。

パン・トスタード（フランスパンの輪切りを焼いたもの）とカフェ・コン・レーチェ（ミルク入りコーヒー）、マンテーカ（バター）とメルメラーダ（ジャム）というのが、アルゼンチンの田舎ホテルで供される典型的な朝食です。

ホセが給油をしにいっている間、私はホテルのキッチンにいた太った女性と交渉して、フランスパンに生ハムとチーズを分厚くはさんだサンドイッチ、を昼食用に用意してもらいました。今日走る228kmの未舗装道路は、パタゴニア・ステップと呼ばれる荒野の真っ只中を貫通しており、そこにはレストランもキオスクもありません。そして、もうひとつ、さらに大切なことをお願いしました。

今晩の宿泊地となる、バーホ・カラコーレスという町には、小さなホテルが1軒しかないのです。疲労困憊して到着したときに、満室です、と言われたら困ります。出発する前に、この親切な太った女性から先方のホテルに電話をしてもらって、昨晩、うちのホテルに泊まった客なのですが、バイクで旅行しているので、何とかひと部屋キープしておいてくれませんか、と頼み込んで欲しかったのです。国道沿いにあるホテルは、通常、先着順に部屋を埋めていき、予約は受け付けてくれません。しかし、同業者同士の交渉であれば、きっと融通してもら

える。気のよさそうな太った女性は、忙しいにもかかわらず、快くこれを引き受けてくれました。こうして食料と宿を確保し終え、あとは運を天に任せ、谷底の町を出て、長い坂道を登っていきました。

　ゴベルナドール・グレゴーレスから出発して北へ行くには、まずチーコ川の流れに沿って大きく湾曲し走っている州道25号線を辿ります。昨日走ってきた、車のタイヤが踏み固めて出来たような小道よりは多少まともな道です。ガソリンを満載したタンク・トレーラーが時速30kmで慎重に走っています。その後ろについて走っている我々は、タンク・トレーラーが巻き上げる土埃で前が見えません。前が見えないために、追い越すこともできません。が、このまま後ろを走っていたのでは、5分もしないうちにツーリング・スーツの色目も判らないほど埃をかぶってしまいそう。仕方なく我々が止まり、タンク・トレーラーが走り去るのを待つことにしました。しばらくしてまた出発。しかし、すぐまた追いついてしまいました。すると、タンク・トレーラーの運転手が窓から左腕を出し、手の平を前方へ向けて2度振りました。対向車は来ないから前へ出ろ、という合図です。埃の渦の中に突入して一気に追い越し、追い越し際にホセがクラクションを1回鳴らして、ありがとう、と御礼をすると、相手はクラクションを2回鳴らして、どうってことないよ、気を付けて行きな、と応えてくれました。

　70km走ると国道40号線とのジャンクションに出て、国道の両側には、再び、パタゴニア台地の風景が広がりました。左手に見えるのは、Meseta del Viento（メセータ・デル・ヴィエント、風の台地）。はるか西側に控えているアンデス山脈山腹に広がる氷河から吹き降ろしてくる冷たい風が、ストローベル湖を渡る間にさらに凍てつき、低い等脚台形をなして連なっ

ている風の台地を吹き貫いて、国道の右手側に広がるTamel Aike（タメル・アイケ）台地に吹き抜けていきます。右手にLas Horquetas（ラス・オルケータス）丘陵963mを見た地点から、道は、北東に向かうほとんどカーブのない直線コースとなりました。パタゴニア・ステップに入ったのです。が、草原とは名ばかりで、実際には植物がほとんど生えていない巨大な荒れ野です。右にも左にも地平線が延々と続き、何もない、灰色の大地のど真ん中を真っ直ぐ貫いている1本の道を、我々は、いつしか無限の彼方に向かって走っていました。このままずっと走っていけば、無限のさらに向こうにある、どこかまったく別の世界に行けそうな気すらしました。北東に続いていた直線の道を42km走ると、道はほぼ真北に方向を変えました。この辺りから、吹きつのっていた凍てついた風が少しおさまり、替わりに冷たい空気が次第に重くなってくるのを感じていました。冷気の塊りの中に取り込まれ、冷凍庫の中を走っているようで、手足の指先の感覚も次第に麻痺していきました。ついに走るのを止め、バイクを降りてエンジンに指先を近づけると、その余熱で、一旦失っていた指先の感覚が、少しずつ蘇ってきます。ホテルで作ってもらったサンドイッチを取り出し、パンもハムもチーズも冷たく固まっているのを、一口二口食いちぎっては無理やり喉に押し込んでいたとき、1台の乗用車が南からのろのろ走って来て、走り過ぎていきました。手にしたサンドイッチとともに土埃にまみれた2人。もともとあまりなかった食欲は失せ、残りのサンドイッチを再び包み、バイクのトップ・ケースに仕舞って出発。30分ほど走ると、今度ははるか前方から、1台の車両が走ってくるのが見えました。近づくにつれて、それが黒い中型バイクであるのが判りました。荒野のど真ん中で出会うバイクの旅人。何か言葉を交わしたい。

でも、すれ違ってしまいました。我々にはUターンができません。砂利が大きく深いので、Uターンを試みれば転倒するからです。せめてバイクを停めました。すると、すれ違ったバイクも停まり、両足でアヒルが水を掻くようにして砂利を踏み掻きながら、Uターンして戻ってきてくれたのです。ライダーはオランダ人でした。ここまで来る間に転倒でもしたのか、ヘルメットにはシールドがありません。いえ、もともとシールドのないタイプのヘルメットなのかもしれませんが。いずれにせよ、冷たい空気をもろに吸い込むため、鼻水が2本の氷棒となってつら下がっていました。道路情報を交換し合い、お互いの無事と再会を祈って、一時の別れを告げました。オランダ人が、再び砂利を掻いてUターンし、無事走り出すのを見届けてから、我々も走り出しました。道は次第にカーブが多くなり、水が涸れたオルニー川を渡って、目的地まであと20kmほどを残していたころでした。灰色の空に、低く黒い鱗のような雲がたくさん現れ、やがてそれは乳房雲となって、重く垂れ下がってきたのです。しばらくすると、カラン……コロン……とヘルメットに何かが当たる音が、インターコムを通じて響いてきました。カラン、コロン、カラン、コロン、カランカランカランカラーン、音はたちまち頻度を増し、ヘルメットだけでなく、ライディング・スーツを着た肩にもたくさん何かが当たるのを知覚したとき、それが小石大の雹であることを悟りました。咄嗟に、アルゼンチンの田舎では、ときとしてグレープフルーツ大の雹が降ってきて、放牧中の牛や馬を死に至らせることを思い出したのです。ヘルメットを被っているから、脳挫傷を起こす心配はないと思います。が、身を隠す木1本とてない荒野のど真ん中で、雹に打たれながらひたすら走り続ける自分がひどく哀れな気になって、いつしか私は声を出さずに泣いていまし

た。そして雹が雨に変わったとき、灰色の空と灰色の大地しかなかった、荒涼とした風景の中に数軒の集落が現れて、石造りのホテルにチェック・インしたときには、雨は猛烈な土砂降りになって大地を叩いていました。

　バーホ・カラコーレス。南緯47度27分、西経70度56分30秒。広大なパタゴニア草原を旅する者たちの中継地として、1980年に設置された、500m四方の村（自治体）。人口は2005年当時で30人余。我々が投宿したホテルが、村の商業活動のすべてを担っていました。ホテルにあるレストランが村唯一のレストラン兼酒場、そのレストラン兼酒場の一部を占めている小さな売店が村唯一の商店、その売店の横にある公衆電話が村唯一の公衆電話、そしてホテルの前にあるガソリン・スタンドが、約130km^{2}以内に存在する唯一の給油所なのです。カタツムリの低地、という地名の由来は、この地域にアンモナイトの一種、クリオセラスの化石が出土するからです。石を積み上げて造ったホテルの、我々に与えられた1室は、採光用の小窓がある大きな寝室と、そこから2段の階段を下りて入るバス・ルーム（夜中にトイレへ立つときにその存在を忘れて踏み外し大怪我をしそうな）に分かれていました。部屋の壁も石造り、積み上げられた石が剝き出しのままであるために、部屋にいると窒息しそうな圧迫感がありました。バス・ルームのシャワー口からは、これは意外にも充分熱いお湯が出てきました。喜んで髪も洗い、ついでに下着と靴下まで洗って出てきて、替わってホセがシャワーの蛇口を捻ったときには、もうお湯は出てきませんでした。"アルゼンチン人30人が入浴できるお湯の量を、日本人の君が1人で使ってしまった！"と、素っ裸で震えながら抗議するホセ。SUMIMASEN。

　夕食までの時間の所在なさを、レストラン兼酒場でコニャッ

クを舐めるように飲みながらやり過ごしていました。酒場は長距離トラックの運転手たちで占有され、彼らは寒いのにビールを飲み、テレビでサッカーの試合を観戦しながら胴間声を上げ、時折、何か珍しい昆虫でも見るような目付きで、濡れた黒髪を長く垂らした東洋人の私をちらちらと盗み見していました。私はというと、彼らをまったく無視して、酒場のカウンターの中の、脂ぎった顔をしたホテルの経営者に興味を持ち、赤黒い肌をしたその太った体と、大仰な身振りをちらちら盗み見していたのです。そして、幼少のころに読んだ、中国のある物語を思い出していました。荒野のど真ん中の小さな宿屋に泊まった旅人が、温かい美味しい何かの肉料理を供されて、幸せな眠りに就いた夜半、部屋に忍び込んだ宿屋の主人に包丁で刺し殺されて、翌朝、その骨肉を刻まれて料理されてしまうという気味の悪い話を。その晩の定食メニューはミラネーサ（牛のカツレツ）とフリータス（フライド・ポテト）でしたが、何の肉を揚げたものか詮索しつつ、ろくに昼食を摂らなかった私の胃袋は、全部食べることを要求していました。ところで、この経営者は2010年12月8日、警察に逮捕されるのです。パタゴニア・ステップに点在する牧場から家畜を盗んで肉にして売っていたというのがその罪でした。逮捕時に押収されたトラックの中には、屠殺し切り分けた牛と羊の肉塊と、それらの販売の記録を記入したノートがあったそうです。私があのとき感じた何かの薄気味悪さは、ある程度は本物だったと言えます。就寝時、どうしてそんなことをするんだよ、とホセに笑われるのもかまわず、私は部屋備え付けの椅子や机を引きずってきて、ドアの内側に積み上げていました。

……預金凍結を予告してくれた私の元顧客は、ブエノス・アイ

レス北西約100kmに700haの小さな牧場を有していました。そして、そこは、いつでも私に開放されていました。アルゼンチン店の営業現役時代には、海外からの出張者をお連れして、何度も日帰りで遊びにいき、馬に乗り、アサード（グリルした肉）を食べ、牧童が奏でるギターの弾き語りに聴き入りました。アルゼンチン店が閉鎖してからは、泊まりがけで遊びにいくようになりました。深夜、それが夏であれば、夜の闇が厚く垂れ込めてから、夜中の零時過ぎころまで、飛び交いながら求愛の相手を探す蛍の、発光した淡い緑色の無数の線が、細かく交差する様子に無心に魅入りました。

　冬は、40人ほどが着席して同時に食事ができる広い食堂の暖炉に、くべられた太い薪が様々な形状の炎を作って、舞い上がり跳びはね、ときに大きく、ときに小さくなって、狂おしく踊る様子を、床に膝を抱えて座ったまま、飽きもせず、いつまでも見つめていました。

　事務所で仕事をしているときは、孤独は、昼の間は銀行街が近いという活気に、夜はオベリスクに集合する群衆の喧騒に、あるいは、道路を隔てたところにあるマルチ劇場に出入りする男女のさざめきに、なんとなく紛れていました。が、田舎へ行くと、私はいつも、独りであることを強く感じさせられました。

　月日がめぐり、私の預金は"コッラリート"の囲いの中に入れられ、銀行のシャッターの打ち壊しが始まり、デモ隊と警官隊（あるいは軍隊）が衝突して39人が死亡し、デ・ラ・ルーア大統領がヘリコプターで逃げ出し、同日、暫定的にラモン・プエルタが大統領代理となり、3日後にロドリゲス・サアが大統領に就任し、それも1週間だけで辞任してしまったため、エドワルド・カマーニョが大統領となり、しかし、これも2日で

辞任して、翌2002年1月1日、エドゥアルド・ドゥアルデが大統領に就任したのでした。

　たった10日余で5人も大統領が代わった、アルゼンチン国家の政治と経済の危機的状況にも、鈍くしか感応できないほど、私は底の深い孤独の中に、自分の心を囲っていました。

　体の健康の回復は早く、旅行にも出るようになりました。

　しかし、旅の感動を共有し、知らない土地を訪れた感想を、語り合う相手がいませんでした。旅先で撮った写真には、いつも風景だけが写っていました。……

　　●2005年1月30日

　旅人たちがまだ寝静まっている中、バイクを引き出し、エンジンをかけました。

　昨日の灰色の空が今朝は真っ青で、はるか西にはサン・ロレンソ山（3,706m）、セバージョス山（2,743m）などのアンデス山脈の峰々が、真っ白に雪を頂いていました。昨晩の雨は、山では雪になっていたのです。冷たい雨に洗われたあとの、澄み切った空気の中を北へ3km走ると、VISITE CUEVA DE LAS MANOS（クエヴァ・デ・ラス・マーノスを訪問なさいませ）と書かれた立て札がありました。ここから州道97号線を北東に42km辿ると、ユネスコの世界遺産、"たくさんの手の洞穴"に行けるのです。が、地図で見ると、その州道97号線には、砂利道でもなく、土道でもなく、"跡"という標示が付いています。定期的に整備される道ではなく、人や動物や車が通って踏み固めた"跡"という意味です。そんな道をタンデムで走れ

るのかどうか。一抹の不安がありましたが、運を天に祈ってその跡道に走り入りました。

　道には、昨晩の雨でところどころに大きな水溜りが出来ていて、そこを勢いをつけて渡り切るたびに、ブーツにもライディング・スーツにも泥が跳ね上がりました。が、そろそろと走ってバランスを崩し、水溜りの中に転倒するよりははるかにまし、そう思いながら10kmほどを走り、幾つかの水溜りをクリアしたころ、左手に、"ポワーブルのボンネット"という可愛い名前の付いた山、女性が被るボンネットを伏せたような形の山が、大地に置き忘れられたようにポツンと見えました。早朝であるため、対向車が来ることは心配していませんでした。が、来たのです！　1台の小型トラックが。多分、州道97号線が尽きるところにある、世界遺産の管理事務所から、我々同様、早朝に出発した車両であると思われました。それをやり過ごすためにバイクを道の端に寄せていき、そして走行を止めた途端、バイクはバランスを崩して道の中央に向かって傾き、驚いた私は咄嗟に上半身を反対側に傾けて自分の全体重をかけて、傾いていくバイクの姿勢を立て直そうとしたのです。体がバイクから落ちる寸前まで傾け、その体勢をキープして約2秒、バイクはゆっくりと立ち直り、ホセも片足を地にしっかりと着けることができたのです。ありがとう、でも、いつどこでそんな器用な芸当を覚えたのかい？　2人の転倒回避の苦心の現場を、走行を止めて見物していた小型トラックの運転手は、想像どおり管理事務所の事務員で、この先は曲がりくねった道となるから充分に気を付けて行きなさい、と我々の注意を促し、走り去っていきました。道はやがて長いカーブを作って下り坂となり、そして峡谷の中へと続いていました。ほぼ垂直に切り立った崖っぷちを、削って造った細い道を2kmほど走る

と、前方左手下方に小鳥の巣箱を置いたような、小さな建物が幾つか見えてきました。道はそこで終わっています。小屋の後ろには垂直な崖が迫り、前には土砂崩れでも起こしたような斜面が45度の角度をなして谷底まで続いています。あそこが管理事務所でしょう。崖の壁面から崩れ落ちた幾つかの石ころを避けながら、狭隘な下り坂をブレーキを利かせて、慎重に降りていきました。

　我々が到着した峡谷から直線距離にして約60km北西、そこに広がる標高約1,000mの巨大なブエノス・アイレス湖台地、その台地のあちこちから流れ出た水は、まずエケル川を形成して東に流れ、ピントゥーラス川と名前を変えて北に向かい、再度名前を変えてデセアード川としてはるか東へ旅して、大西洋岸のデセアード港から逆流した海水と混ざり合います。ピントゥーラス川の流れに沿って、その両側約150kmにわたって聳え立っているのが、ピントゥーラス川峡谷。峡谷には玄武岩が浸食・風化され露出した、高さ約200mの絶壁が無数に形成されています。その絶壁のひとつ、数十本の赤茶色の岩の柱がパイプオルガンのように並んでいる、長さ約600mの垂直な岩の壁面のほぼ中央部、川床からの高さ約88mの位置に、

ピントゥーラス川峡谷の絶壁。

黒々と口を開けているひとつの洞穴。それが、クエヴァ・デ・ラス・マーノス、"たくさんの手の洞穴"です。高さ10m、幅15m、奥行き24mの洞穴の壁面や天井には、スペイン人が侵略する以前、この辺りに住んで狩猟・採集生活を営んでいた、アオニケンク族の小さな家族グループたちによって付けられた、夥しい数の手形跡があるのです。そのほとんどがステンシル、つまり、手を岩の壁や天井に押し付け、上から塗料を吹きつける置き型の方法で描かれています。手形は、この洞穴に付けられたもの以外に、この洞穴に至る手前の崖の約40mの壁に描かれたものや、また洞穴の先、約400mの壁に描かれたもの、など4か所に集中して描かれています。描かれた手形の総数は829個。そのうちの31個が右手の型。ひとつだけ指が6本ある手形があります。小さな家族グループ間で婚姻を重ねた結果、6本指の奇形児が生まれたのでしょうか。手形のほかに、動物や幾何学模様も描かれており、それらは描かれた年代により3つのグループに分けることができます。一番古い年代のグループは9300BP（Before Present。西暦1950年の9,300年前、つまり紀元前7350年）から7000BP、この年代には動物とそれを狩猟する人のシーン、また狩猟の方法が描かれています。グアナコやピューマを待ち伏せして捕獲する場面、槍やボレアドールという丸い石を皮にくるんだ武器をぶんまわして投げつけた場面など。棒刷毛を使用し、岩石の粉や植物の汁に動物の血・油を膠着料として混ぜて描いたと言われています。次に古い年代グループである7000BPから3300BPに描かれた代表的なものが、手のステンシルです。小さな動物の骨の髄の隙間に塗料を入れて吹きつけたと想像され、その道具も発見されています。手の替わりに、ニャンドゥーの脚を使用したステンシルがあるのも興味深いところです。3300BPから1300BPになる

と、絵は抽象化し、幾何学模様や、点、線などが描かれ、それらが何を意味しているのかは解明されていません。この辺りの峡谷はアオニケンクたちから"チャルカマク"と呼ばれていました。まさに塗料（スペイン語ではピントゥーラス）の谷、という意味です。この谷で採取した岩を粉砕して得られた塗料は主に4色。赤や紫は酸化鉄の色、酸化マンガンの黒、そして白はカオリンの色です。それらの色を吹き付けて、ほとんど重なるくらいに密接させて、背伸びをして届く限りの高さの岩肌に、私の手の平より少し小さい手の跡がたくさん付けられています。遺跡の前には赤い金網のフェンスが施されていました。が、そのフェンスの粗い網目から私の細い腕を強引に突っ込めば、岩壁に押されたたくさんの手形に触れられそうなほどの近さです。その赤、白、黒、紫のたくさんの手は、何千年の時間を越えて、今、生き生きと動いて私の体にまつわりつき、手の平で私の頬にやさしく触れて、しきりに何かを語りかけたがっているようでした。谷の底の川の縁には、生命の証である鮮やかな緑の柳が生い茂っていました。

　クエヴァ・デ・ラス・マーノスとその洞穴画の存在は、アルゼンチンの探検家であり科学博物学者であったフランシスコ・パスカシオ・モレーノにより、1876年、すでにその存在が発見され、詳しい報告がなされていました。しかし、政府がその保存に乗り出したのは1949年、考古学者アルベルト・ゴンザーレスが本格的な調査を開始してからでした。

　モレーノは、1875年9月25日、ブエノス・アイレスを出発して大西洋岸のバイア・ブランカからほぼ真西に向かい、翌年1月22日、チリとの国境手前に横たわるナウエル・ウアピ湖を発見して、ここにアルゼンチンの国旗を掲げます。これが弱冠23歳のとき。同年10月20日、ピエドラ・ブエナを艦長とする

2本マストの帆船でチュブット川を探検し、さらにサンタ・クルス川を遡っていって、1877年2月15日、巨大な湖を発見して、これにアルゼンチン湖と命名します。そしてこのとき、ペリート・モレーノ氷河の近くまで行くのですが、モレーノ自身は氷河を見るには至っていません。さらにサン・マルティン湖を発見してこれに命名し、ヴィエドマ湖を遠くに認め、先住民たちが蒸気の出る山と呼んでいたエル・チャルテン山を巨大な火山であると勘違いしつつも、これに改めてフィッツ・ロイ山と命名します。

これらの探検の旅の途中でモレーノが採集した夥しい数の化石、人骨、古代人の武器などは、パタゴニア地方の人類学・考古学が研究される上で貴重な資料となりました。先住民たちの土地を奥深く分け入って探検していく過程には、彼らの土地への侵入を拒絶されたり、ときには捕らえられ生死を賭して脱出したこともあったのですが、モレーノは、彼らの土地の保護と生活の改善を政府に訴え、学校建設などを行っていくのです。

1896年、モレーノはアルゼンチン・チリ国境委員会のアルゼンチン側"ペリート"（鑑定人）に任命され、国境を鑑定するために1897年、夫人と4人の子供、11歳、9歳、7歳、4歳をラバの背中に乗せてアンデス山脈を越えていきます。その旅の途中で夫人は病死するのですが、モレーノの探検家としての執念と、国境問題に苦しむ祖国への愛国心が、彼に国境付近の山系・水系調査の作業を完遂させます。1902年5月20日、イギリスのエドワード7世は、チリ国境鑑定人が主張してほぼチリ領土とみなされていた4万2,000 km²の部分に関して、これをアルゼンチン領土に戻す裁定を下しました。モレーノの挫けることのない労苦は、ここに報われました。が、モレーノと言え

ども、フィッツ・ロイ山の南西、南パタゴニア氷原の真っ只中で氷に包まれて鎮座するマリアーノ・モレーノ群峰と、フィッツ・ロイ山の麓にひっそり水を湛えた砂漠の湖の存在までは知り得なかったのです。

マリアーノ・モレーノ群峰は、1915年、在ブエノス・アイレス・ドイツ科学団体が援助した探検隊により発見され写真に収められ、アルゼンチンのスペインからの独立の貢献者、マリアーノ・モレーノに因んでその名前が付けられました。写真は1917年に発表されますが、その氷の群峰が水系（大西洋と太平洋）の分岐点であることが再び議論されるのは、2つの世界大戦で活躍しその技術が発達した飛行機から写した航空写真による鑑定を待たねばならなかったのでした。

いずれにせよ、フランシスコ・パスカシオ・モレーノことペリート・モレーノは、アルゼンチンの南方領土の主権を保証するために、誰よりも貢献した人物として国民から敬意を表され、その名前がアルゼンチンの様々な場所で地名として残ったのです。

たくさんの手の洞穴をあとにして、州道97号線を42km戻り、国道40号線に出て北に35kmほど走ると、茫々たるパタゴニア台地にある変化が見えてきました。台地は、綺麗なパステル・カラーを帯びた低い丘陵地帯に変わったのです。薄い赤色、黄色、薄紫、淡いピンクなどに彩られた山肌が露出している丘陵の中を走る道を、登っては下り、下っては登りして50kmも走ると、パステル色の丘陵は再びグレーの台地に戻りました。そこを走っては休み休んでは走りして、さらに40kmバイクを進めたとき、突然、道がアスファルトになりました。万歳！　州道43号線とのジャンクションに出たのです。この

ままアスファルトの道を西に20km走れば、トルコ石色をしたブエノス・アイレス湖の東岸に到着できます。これもペリート・モレーノにより発見され命名された湖ですが、淡水湖としてはアルゼンチン最大の湖、南米でもティティカカ湖に次いで2番目に大きな湖で、表面積は1,850km^2、そのうちの880km^{2}がアルゼンチン領、チリ側の部分はヘネラル・カッレーラ湖と呼ばれています。我々は2010年1月、この長大な美しい湖の南側の縁に沿って延々と続く約200kmの道（そのうち、チリ側140kmは未舗装道路）を西から東へバイクで走る幸せな機会に恵まれました。本当は一周したかったのですが、北側には氷原が張り出しているため湖の北の縁には道がないのです。このときは、チリ国道7号線をひたすら南下していき、オ・ヒギンズ湖（アルゼンチン側の呼び名はサン・マルティン湖）の畔まで辿り着いて、アンデス山脈の峰々から垂れ下がる氷河を畏怖の念で眺め、そこからさらに南方に秘めやかに横たわる"砂漠の湖"にまつわる熱い国境紛争とその問題を深く考えさせられた旅、を終えた後で、ブエノス・アイレスへ戻る途中でした。チリ国道7号線、別名、カッレテーラ・アウストラル

チリ国道7号線、別名"南ロード"。チリ国道7号線は、ボリヴィア"死の道"に似ています。違いは、多雨亜寒帯地帯を走ること、と、多雨亜熱帯地帯を走ること。

(南ロード)を走った長い旅の道中で起こった数々のエピソードは、また別の機会に書くこともあるでしょう。そのブエノス・アイレス湖に思いを馳せながらアスファルトの道を北へ向かって1km走り、我々はその日の最終目的地であるPerito Moreno(ペリート・モレーノ)の町へ向かって台地を下っていきました。

　ブエノス・アイレス湖台地とガンバラナ台地の谷間にあるペリート・モレーノの町への到着は、まさに砂漠の中でオアシスを見つけたような感激が伴います。平均年間降雨量116mmというほとんど雨が降らない土地の、約3km四方をアラモというポプラの一種の木で囲み、防風のためのその緑のカーテンがさわさわと揺れている中へ走り入っていくからです。町の西側にはフェニックス・チーコ川が流れ、東側ではフェニックス・グランデ川がデセアード川に注ぎ、デセアード川は南から流れてくるピントゥーラス川の水をも吸収して威圧的な大河となって、パタゴニア台地の谷間を蛇行しながら大西洋へと向かっていきます。町に密着させフェニックス・グランデ川から水を引いて造ったLaguna de Los Cisnes(ラグーナ・デ・ロス・シスネス、白鳥の湖沼)には、アヒルやフラミンゴと一緒に、首が黒い白鳥が浮かんでいました。町の北側には国道43号線が東西に走り、快適なその舗装道路を西に58km走れば、ブエノス・アイレス湖畔の国境の町、Los Antiguos(ロス・アンティグオス)に着きます。このアルゼンチン最大の淡水湖の北側には1,000mから2,300m級のアンデス山脈の峰々が連なり、冬には大雪に閉ざされるこの町の家々は、急傾斜の屋根を持つアルペン風の造りです。しかし、ここがアルプスの町ではないことを気付かせるのは、街中に縦横に設けられている灌漑用水路です。ブエノス・アイレス湖から氷河が溶けた水を盛んに引いて

きては栽培している果物のひとつが、"さくらんぼ"。毎年、1月にはさくらんぼ祭りが開催され、牧童の荒馬馴らし競技やフォルクローレのショーを観に来る観光客で賑わいます。この町は1991年8月8日に起きたチリのハドソン火山の噴火による降灰で、ペリート・モレーノの町とともに甚大な被害を被りましたが、私が初めてここを訪れた2003年1月には、もう、その痕跡すら残していませんでした。

……2002年7月5日。射出成型機の技術代理店社社長のお嬢さんが結婚することになりました。ブエノス・アイレス市郊外の教会で厳かに行われた結婚式と、結婚式の後に続く盛大な披露宴に私も招待されました。

　社長の取り計らいだったのか、私の席は、単身で出席した独身の男性が多いテーブルに指定されていました。真正面の男性は、機械商工会議所に勤務する1人。ですが、社長は、"あれは、ハチドリだから、駄目だよ"と、通りすがりに私の耳に囁きました。あっちの花からこっちの花へと、せわしなく羽を動かし蜜を吸っては移動している男、と解釈しました。新郎が小学校の先生なので、学校の同僚・独身先生たちも同じテーブルにいました。ですが、その男性たちが持ち出す話題はすべて私の関心外。食事が進み、デザート・テーブルが持ち込まれたころには、披露宴の会場はダンス場になっていました。最初はスローなワルツから、だんだんテンポの速い曲となり、やがて、カリオカのリズムが会場に響き渡るころには無礼講となって、テーブルは隅に寄せられ、ダンスに興じない人だけが、そこここの椅子やソファーに腰掛けて、好みのお酒が入ったグラスを手にして、誰彼となく話に熱中していました。その中の1人だった私の手を取って、ダンスに誘った男性がいました。曲の

リズムはロック・アンド・ロール。これは駄目です、私はこれは踊れないのです。大抵の踊りには物怖じせず、恥を知らずに挑戦します。ジプシー・ダンスだろうと、コサック踊りだろうと。ですが、ロック・アンド・ロールだけは、なぜかリズムに乗れないのです。それで、踊れないから、と断ったのですが、深々と体を埋めていたソファーから強引に引き出されてしまいました。それが、彼、ホセ・ペレイラでした。

披露宴は翌朝6時まで続き、朝食サービスが出された後、私は予約してあったハイヤーをキャンセルして、ホセの車で送られて私の事務所へ帰り、車から降りるとき、私の名刺を渡したのでした。

ホセから電話があったのは、3日後の水曜日。
待ち構えていた私は挨拶もろくにせず、"電話を待っていたのよ。週末からサン・フアンの月の谷に行くのだけど、一緒に行かない？"……3秒ほどの沈黙があって、"いいよ"という声が聞こえました。そして土曜日の朝、ホセの車は私を乗せて、1,200km離れたサン・フアン州にある国立公園イスチワラスト、通称、"月の谷"へ向かって走っていました。こうして、私は、旅の伴侶を得ることに成功しました。……

● 2005年1月31日

1月31日、旅の18日目。
出発前に町の小さな食料品店で、生ハムとチーズ、小麦粉に動物の脂と塩を混ぜ水だけで練って作った素朴な味の丸い平た

いパン、を買いこみました。次の町までの128kmも砂漠同然の道、道中に売店はないからです。

坂を登り台地へ出て、州道43号線を東へ13kmだけ走って国道40号線に乗りました。再び砂利との闘い。最初の40kmはさらさらした砂混じりの道。車では比較的走りやすい道でも、バイクにとっては不安定な道です。次に現れたのが、細かい砂利が失われて大きなこぶし大の砂利が露出し固く踏みしめられている道。そこを走ると、バイクが上下に激しく振動して、歯がガチガチなりました。これが30kmほど続いた辺りで、サンタ・クルス州からチュブット州へと州境を越えました。

そこから先に我々を待ち構えていたのが、何日か前に大量の砂利を撒いてローラーで均したばかりのゆるい道。ここが一番辛かった。深い砂利にタイヤが沈んでしまうからです。10km、また10km、さらにまた10km。オドメーターを後部座席から覗き込み、残りの距離を数えるようにして走ると、高さ120〜130mほどの、黒い玄武岩の石ころが積み重なって出来ている丘が現れ、その丘に城壁のように囲まれた谷間に、次なる町、Río Mayo（リオ・マージョ）がありました。南緯45度41分、西経70度16分。人口約3,000人。

マージョ川の南側に発達した町は、南北方向に8ブロック（1ブロックは約100m²）、東西方向に12ブロックほどの拡張を見せています。町の中央部分から少し東側を国道40号線が貫通しており、マージョ川を渡り州道22号線と国道26号線を乗り継いで東に275km走れば、大西洋に面したあの風の町、コモドーロ・リヴァダヴィア港に出ることができます。一方、国道26号線を西に138km走って国境を越え、チリ国道240号線を250km走ると、アイセン川の河口に開けたアイセン港に到着し、そこから艀で美しいフィヨルドの中を航行して太平洋へ

も出ることもできます。

　このように、リオ・マージョの町は2つの大洋を中継している重要な町なのですが、アルゼンチンの地方都市や村をこよなく愛している私に、どこかひとつだけ住みたくないと思う場所の地名をあげてみよ、と問われれば、私はすぐさまこの町の名前を頭に浮かべてしまいます。理由はインフラ整備の悪さ。街中を碁盤の目のように縦横に走る道は舗装化されておらず、漬物石のような大きな石がごろごろと敷かれているのです。それが石畳であるというなら情緒があります。が、そうではなく、赤ん坊の頭ほどもある大きさの石が、道路に無造作にぶち撒かれているだけなのです。そこを強風が吹き荒れ、巻き上げられた乾いた土埃が小さなつむじ風となって街中を走りぬけていき、その最大瞬間風速は時速120kmにも達すると言われていますから、小さな台風並みの風です。

　このインフラ整備の悪さは、2010年1月に再びバイクでここを訪れたときにも、まだ改善されていませんでした。そのときは比較的午後の早い時間にこの町に到着し1泊したのですが、長い午後の時間を、バイクをホテルの前の歩道に停めたまま、暖房の利かない寒々とした食堂の窓から、土埃で茶色く濁った空をただぼんやり眺めて過ごしました。

　食堂には、小型トラックで旅するドイツ人夫婦が1組、我々と同じように所在なげに座っていました。夫婦は、町にガソリンを積んだタンク・トレーラーが到着するのを待っていたのです。町にはガソリンが切れていました。我々は、このときはブエノス・アイレス湖の南縁を走って来て、ペリート・モレーノで給油し国道40号線を北上していたのですが、リオ・マージョの次の給油地まで走れるガソリンを充分に残していましたから、町にガソリンがないこと自体は問題とはしませんでした

（このときは、一度の給油で500km走れるバイクで旅していました）が、冬場は零下20〜30度にもなるという低い台地の谷間には、観光するべきものがないのです。町の北の入り口には金属で出来た、何かのモニュメントがありました。人が屈んで自転車を直しているような形に見えましたが。あとで写真をよく見たら、グアナコを押し倒して毛を刈っている牧童の姿を象ったものでした。この町では毎年1月の後半に"毛刈り祭典"なるものが催され、羊やグアナコの体を傷つけることなく、どれだけ深く早く刈り込めるかを牧童たちが競い合い、祭典の最終日には"刈り毛の女王"が選ばれるのです。2010年のこの祭典は、1月15日から17日の3日間でした。我々とドイツ人夫婦は、その祭典が終わった翌日に、この町に到着してしまったのです。それで、町には3日間、昼夜を徹してのお祭り騒ぎが終わったあとの、腑抜けたような脱力感が漂い、ガソリンはもとより食料も、そして疲れて到着した旅人を歓待してくれるやさしさすら残っていなかったように思われます。

　この町は、1997年から、本来野生であるグアナコを飼育する試みを行ってきました。

　グアナコに何百年もかけて人工的な淘汰・選択を重ねて飼育化したのがジャマ（リャマ）ですが、両者の姿と毛並みは歴然と異なります。南米各地をバイクで旅し、それらの姿を認めるたびに、走りながら写真に収め、各国の動物園にも行って再確認した経験から、その違いは毛並みにあります。グアナコは総じて顔が黒っぽく、首の後ろから背中と臀部、脚の外側部分の色は茶色、首の内側とお腹、脚の内側部分が白色で、これは、例えば10頭の群れであればその10頭のどの個体をとっても一様にこのような色をしています。細身の体の毛は短く触れれば柔らかそうです。

ジャマ。そのほとんどがアンデス山脈高原に数十頭単位で放牧されています（2010年7月、ウジュニ塩湖へ行く途中に撮影）。

　そう言えば、アルゼンチン店で輸出商いを任されていた時代、一度、チュブット州から出張してきた牧場主をアテンドしたことがありました。グアナコの毛を日本へ輸出するという商いでしたが、そのときに、体重約100kgのグアナコ1頭の体から採れる毛の量はたったの400gでしかないことを知りました。

　一方、ジャマは黒に近い濃い茶色、茶色、土埃色（これは多分、白い毛が土埃で汚れたのでしょう）の単色、あるいは、黒と茶、茶と土埃色、などのように色がミックスしているものもあり、その毛は長く、羊ほどではないものの少し巻き毛になってふさふさしています。体の形状は、ロバと羊をかけあわせて首を長く引き伸ばしたような感じで、そこから採れる毛の量は平均3kg。

　棲息数の比較では、南米に自然棲息しているグアナコの数は約55万頭。その95パーセントまでがアルゼンチンとチリのパタゴニア地方に棲息しています。一方、ジャマの飼育総数は300万頭を超すと言われ、そのほとんどがプーナと呼ばれるアンデス山脈荒野や、アルティプラーノと呼ばれるアンデス山脈高原に数十頭単位で放牧されています。

コージャ、あるいはチョーラと呼ばれる土地の太った女性が、子供を負い袋に入れて背中に担ぎ、幾重にも重ねて履いている膝までの丸い鮮やかな色のフレア・スカートの下から、高山地帯の直射日光に炙られて、これだけは固く細くひき締まった黒褐色のグアナコのような真っ直ぐな素足を出し、黒光りするその足に革のサンダルを履いて、皮ひもを振り回しながら黙々とジャマたちを追っていくのです。彼女らは、我々がバイクで通りかかっても見向きもしません。地面を見ながらひたすら歩いていきます。我々が彼女らの前で転倒しても、あるいは、もっとショッキングな事故が目前で起こったとしても、例えば、巨大な宇宙船が空から降りて来て彼女らの前に着陸したとしても、恐らく、それにすら見向きもしないで、ひたすらうつむいて歩いて過ぎるのではないか、と思ってしまうほど、彼女らは自分たち以外の世界の出来事にはまったく関心がないかのようです。

　話がそれたついでに、もう少しジャマの話をします。ペルーの北の海岸に面したトゥルヒージョという町があります。我々は2007年、60日間をかけてバイクで南米を1周し、1万8,300kmを走りました。来る日も来る日も次の目的地に向けてひたすら走っていた中で、この町には特に2泊しました。ブエノス・アイレスを出発して、アンデス山脈を越え、チリ太平洋岸を北上していき、10日目、丁度5,000kmを走った地点が、この町に当たっていました。そこでオイル交換をしたのです。午後からは時間が出来ました。それで町の北西5kmにある、チャン・チャン遺跡へ行きました。

　トゥルヒージョの東約150km、標高3,988mにあるキルヴィルカの村、その近くにあるラグーナ・グランデを水源とする、モチェ川が太平洋に流れ落ちる辺りを中心として、その南北約

1,000 kmにわたって、西暦100年から700年代に栄えたのがモチェ文化。そのモチェ文化を滅ぼして、同じ場所に栄えたのがチム文化。チム文化の傑作が、ユネスコの世界遺産にも登録されているチャン・チャン遺跡です。チム王国の首都として建設された約20 km²の町の、廃墟の入り口の前に立ちました。町は分厚い城壁で囲まれていました。50 cmほどの高さの丸石をベースに用い、水萱(みずがや)でまず木摺(きずり)を作り、それを泥で塗り固めて作ったと言われる城壁の前面には、ラッコが尾を高々と持ち上げている姿を連続させた縁飾りが浮き上がって見えます。この高彫りレリーフが、この文化が海洋民族のものであったことを饒舌に物語っていました。

城壁の一部に開口部があり、その両脇に毅然として立つ一対の兵士、その間を通り抜けて城壁の内側に進み入った先に、1,000年の昔の時空が広がっていました。アドベと呼ばれる日干し煉瓦造りの町は、9つの小さな町に分かれて造られており、高貴な人々の宮殿と労働者たちの住居地区、仕事場と貯蔵倉庫、貯水池などが整然と区画され、直線で引かれた通りが縦横に走っています。貯水池は町の中と外にあわせて140個、往時の統治者の強大な権力と繁栄を偲ぶに充分でした。

その貯水池のひとつ、睡蓮が可憐な茎を盛んに水面に突き出し、先端に白いつぼみをつけてたくさん浮かんでいた中に、なぜか1匹のドーベルマンが混じって、黒い頭と尖った耳を水面から突き出して浸っていました。水中に飛び込むにはいかにも寒い日だったのですが。

宮殿の土の壁には、魚が列をなして南からやって来るレリーフと、北からやって来るレリーフが施されています。これは、この王国が信仰・礼拝した2つの海流、南から流れて来る冷たいフンボルト海流と、北からやって来る暖かいニーニョ海流を

高彫りすることによって、2つの海流がぶつかり合うこの辺りの海域での豊漁を祈ったものでしょう。

　また、モチェ文化とチム文化は、それぞれ高度な製陶技術を持っていました。出土した夥しい陶器類は、取っ手の付いたビンやコップです。人の顔や動物の姿、男女の愛し合う様々な姿態、が、取っ手付きの器となっているのです。トトラと呼ばれる、アシに似た水中に生える植物で作ったカヌーを漕ぐ漁夫を象ったコップもあります。そのカヌーは今日でも使用され、トゥルヒージョの海岸へ行けば、長さ5m、幅70cmほどの、現地でカバジート・デ・トトラ（トトラの小さな馬）と呼ばれている、尖ったへさきがくるりと丸く上向きとなったものが、数十隻ほど並んで立てかけられ、陽に干されています。たった50kgほどのカバジート・デ・トトラには、200kgもの荷を積むことができます。

　海洋文化であった証拠に、魚の姿を象った陶器類が多い中で、興味深いことに、ジャマが捕らえられ縛られている姿の器や、雌雄のジャマが交合する姿を象った器、などがあるのです。トゥルヒージョの海岸から東へ100kmも行けば、もう標高4,000mのアンデス山脈山中に入ってしまいます。山岳地帯を闊達に走り回っていたグアナコを捕らえてきて、家畜化していったことが充分考察できます（これらの陶器は、リマのラルコ美術館に収められています）。

　ところで野生のグアナコですが、動物園にいるそれをあまり近くまで寄って観ようとするのは禁物です。彼らは警戒心が強く、それ以上近寄るな、という警鐘として、口から酸性の液体を飛ばす習性があります。それもかなりの勢いで大量に飛ばしますので、いい目潰しとなります。それを知らなかったばっかりに、一度、顔面をグアナコの唾液だらけにされました。メガ

ネを使用していましたから、目は潰されませんでしたが。ジャマもグアナコ同様、唾液を飛ばすそうですが、人に飼われているため好奇心が強く、警戒心に乏しいようです。

　アンデス山脈山中をツーリングしていて、バイクを降りて一息入れているとき、ジャマの群れが通りかかり、そのうちの1頭がゆっくり近寄ってくることがあります。多分、リーダー格の牡なのでしょうが、何か危害を加えようという魂胆ではなく、ただ興味津々で寄って来た、といった感じなのです。が、離れて観ていれば可愛いらしいこの動物も、1mくらいまで近寄られると、さすがにちょっと怖くなります。彼らは大きいからです。蹄（ひづめ）から耳の先まで入れればゆうに2mはあります。一度、バイクではなく小型トラックで旅していたとき、群れから離れてゆっくり近づいてきたジャマが、とうとう窓から首を突っ込んできたのには身が引けました。車の中に餌になるものがあると思ったのか……。閑話休題、海洋民族であったチム王国も、15世紀の半ばころには山岳民族のインカ帝国に滅ぼされてしまうのです。

　リオ・マージョの町を貫通している国道40号線を走り、町の出口（町の南から入った場合の）にあるアルゼンチン陸軍歩兵大隊・工兵第9隊の駐屯地の前でバイクを停めました。自動小銃を構えた兵士たちを尻目に、丸い平たいパンをナイフで切り開いて、生ハムとチーズをたっぷりはさんでかぶりつきました。歩兵第37連隊に組み込まれてマルヴィナス戦争（フォークランド戦争）にも派遣されたこの工兵隊は、"チュブット州の工兵隊"として災害が起きるたびにチュブット州各地に駆り出され救助・復旧活動に携わります。が、今日はここも暇。我々の食事があらかた済んだころを見計らい、若い兵士たちが近寄ってきて、バイクの気筒容量や最高速度、ガソリン燃焼

率、リオ・マージョまでの道程、私の国籍・職業、そしてなぜアルゼンチンに住んでいるのか、など質問攻めにしたあとで、我々の答えに大満足し、"ここから先は舗装道路だからどんどん飛ばせるよ"と、機嫌よく解放してくれました。

　が、その舗装道路。チュブット州政府が予算を節約してタールをごく薄く敷いて作ったか、あるいは、砂漠に等しい土地で昼夜の寒暖の差が激しいためか、アスファルト面は凸凹に歪み、剥げ、ところどころに大穴が開き、その穴を避けながら走るために、出せる速度はせいぜい時速70〜80 km。国道の前方と両側にはパタゴニア・ステップが視界が利く限り広がり、コイロンと呼ばれる高さ50 cmほどの、黄色いイネ科の植物の丸い茂みが延々と続きました。茂みは、パタゴニアの風にざわざわとなびき、グアナコが数頭ずつ群れて、それをのどかに食んでいます。国道の右側を流れているはずのヘノア川は、水が涸れていました。水のない川に沿って約100 kmを走り、Gobernador Costa（ゴベルナドール・コスタ）の町に到着して給油。ヘノア川渓谷に開けた人口約2,000人のこの町を過ぎた辺りから、低い丘陵地帯に入りました。

　国道のメンテナンスは引き続き悪く、上りと下り車線の境界線も引かれていません。次の給油地は、93 km先のTecka（テッカ）。人口1,000人足らずのこの町は、アンデス山脈の氷河が溶け出した水がテッカ川となって流れてきて、テッカ峡谷を潤している、その中心部に位置します。このため、この地域は、常に先住民テウエルチェ族（アオニケンク、またはパタゴーネスの別名で、特にパタゴニアの北からパンパ地方に住むアオニケンク族をこの名称で呼ぶことが多い）が冬場の牧場として使ってきました。

　1833年、テッカで生まれテウエルチェ族の酋長となり、そ

の領土を守るためにアルゼンチン政府軍と戦ったInacayal（イナカジャル）。1878年から1885年にかけて、アルゼンチン政府は"コンキスタ・デル・デシエルト"（砂漠の征服）と称する、パタゴニアとパンパ地方の広大な平原を政府の支配下に置く政策を推し進めました。先住民のテウエルチェ族とマプチェ族（別名、アラウカーノ族、原住地はチリ）はこれに反抗して部族を挙げて戦いますが、結果は政府軍の勝利。酋長イナカジャルもマプチェ族の酋長とともに捕らえられました。が、ここで政府に働きかけたのが、あのペリート・モレーノでした。モレーノがパタゴニア地方を探検したとき、イナカジャルの絶大な協力を得て、探検を成功させることができたからです。

　政府はモレーノの要請を聞き入れ、イナカジャルとマプチェの酋長を釈放します。モレーノは2人の酋長とその家族を、ラ・プラタの自然科学博物館内に住まわせ、そこで働くことを指導しました。博物館は、モレーノがパタゴニア探検中に収集した、約1万5,000個の考古学上の発見物を寄贈して、1877年に開館されていました。酋長の家族たち、特に女性たちは博物館内に住んでも、彼女らの日常の習慣を変えませんでしたから、モレーノはそれらをつぶさに観察できる機会を得たのです。彼女らが作り出す民芸品は、博物館の名物となり高く売れました。男たちの何人かは、モレーノが与える簡単な労務をこなしつつ、博物館内での生活に馴染んでいきました。が、イナカジャルだけは新しい環境を決して受け容れず、白人から与えられる仕事に就くことも拒否し続けました。

　1888年9月26日（一説には24日）、イナカジャルに突然の原因不明の死が訪れます。その死の数時間前の様子を、モレーノとともにパタゴニアを探検し、モレーノの秘書であり友人でもあった、イタリア人考古学者クレメンテ・オネッリが次のよう

に書き残しています。

「ある日、夕陽があの建物の古代ギリシャ風の荘厳な入り口を紫色に染めたとき、2人のインディオ（先住民）に支えられて、イナカジャルがあの上に、モニュメントの階段の上に現れた。洋服を、彼の祖国を侵略した者の服であるそれを剥ぎ取り、コリント様式の金属の柱のような金色に輝くその胴体を裸にして、ひとつの身振りを太陽に対して行い、もうひとつの長い長い身振りを南に向かって行った。何か聞き知らぬ言葉を幾つか話し、そして、黄昏の中、その年取った大地の古い主の曲がった背中の影は、ある世界からのにわかな招魂のごとくに、消えた。そのことがあった夜、イナカジャルは、死んでいった。多分、おそらく、征服者が彼の祖国の太陽に挨拶することを彼に許したことに満足して。」

イナカジャルの遺体はガラスのひつぎに収められ、100年以上もの長い間、博物館に陳列されていました。このことの人間性の議論がなされ、1991年から約3年間にわたる手続きを経て、1994年4月19日、遺体は飛行機でエスケルに移動され、そこから原住民の子孫たちが曳く馬で、生まれ故郷のテッカに到着し、そこに埋葬されたのです。折りしも、その日は"アメリカ原住民の日"と重なっていました。

テッカで給油した我々は国道40号線を北上し、テッカ丘陵をすぐ右手に、カケル連峰とラ・グラーサ連峰を遠く左手に、そして、そのさらに奥には紫色に煙るアンデス山脈を望みながら、カーブの多い道を走り、汽車の線路を2回渡って、Esquel（エスケル）の町に着きました。この間約100km。ここを馬でイナカジャルの遺体を曳いていったのであれば、多分、それは2日がかりの道程であったでしょうが、我々はそれを1時間足

らずで走りました。

　エスケルは、乾いた大地を南から何日も走ってきた旅人にとって、心が躍動する町です。西へ50kmも走れば、もうそこは年間降雨量が4,000mmの深い森林地帯、広さ約26万haのロス・アレルセス国立公園の中に入ります。アレルセは、日本名ではパタゴニア・ヒバと訳されているようですが、学術名は*Fitzroya Cupressoides*。あのイギリス艦船ビーグル号が第2回世界周航に旅立った際、自然科学者のダーウィンが同行していました。ダーウィンがパタゴニア地方でこの植物を確認し、艦長ロバート・フィッツロイに因んで捧げたのがこの名です。アレルセは、主にアルゼンチンとチリの南緯約40度から43度のアンデス山脈地域（一部、太平洋岸地域にも）に長い時間をかけて成長し、ロス・アレルセス国立公園で一般観光客が見ることができる一番古いアレルセは、エル・アブエーロ（おじいさん）と呼ばれている推定樹齢2,620年の個体です。高さ57.5m、幹の直径2.3m。しかし、一般観光客が入れないチリとの国境付近には、樹齢が4,000年に近く、高さ60mを超える個体も確認されているそうです。が、我々が見て触って抱きついて、幹のかすかな温かみを感じて、その個体が沈黙の裏に秘めている、この辺りに起こった何百年、何千年もの出来事を問いかけることができる一番高齢の木は、この"おじいさん"なのです。アレルセは、先住民（マプチェ、またはアラウカーノ族）の言葉ではLahuen（ラウエン）、これはまさしく、おじいさん、という意味。ダーウィンのレポートには、幹の直径が12.6mもある見本を発見したとあり、その計測が正確であったとしたら、果たしてどれほどの樹齢であったのか。いずれにせよ、何千年も生きた大おじいさんの木であったことだけは確

かです。

　ロス・アレルセス国立公園内には、8つの氷河湖があります。その中のひとつ、息をのむほど深い碧い水をたたえたフタラウフケン湖にモーター・ボートを走らせて、トローリングによる鱒釣りを試したことがありました。釣った鱒は1人1匹だけ持ち帰ることができるとあって張り切り、夕方6時から8時まで、たった2時間で大きな虹鱒を2匹釣り上げ、気をよくしました。湖畔では、6人の釣り師たちがダイ・キャスティングで、朝から晩まで粘っていたのですが、その誰にも獲物はかからなかったのです。

　その晩、我々のテーブルにはホテルで焼いてくれた虹鱒のお皿が2枚並びました。ホセの分も私が釣ったもの。頭と尻尾がお皿からはみ出て、こんがり焼き上がっている大きな虹鱒を、釣り師たちは別のテーブルから恨めしげに眺めていました。ビギナーズ・ラッキーの典型でした。

　フタラウフケン村から北に延びているのが州道71号線。フタラウフケン湖と、続いて現れるリヴァダヴィア湖の畔に沿って70km、大きな尖った砂利がごろごろしている道を、パンクを恐れながらそろそろと進むと、Cholila（チョリラ）の村に出ます。

　チョリラにまつわるエピソードひとつ。1901年3月、ニューヨークから船で到着した3人のアメリカ人。ブエノス・アイレスの目抜き通りを歩き、不動産屋に入って、鞄から大量のドル札を取り出して、パタゴニアに土地を購入します。それからまもなく3人は、当時、わずか14家族が住んでいた人口過疎地、チョリラに現れ、牧場経営を始めました。牛300頭、羊1,500頭。1人は妙齢の女性で美人、チュブット州知事をお茶に招き、夜はダンス・パーティを開いて見事なホステス振りを

チョリラの村。

発揮したので、3人は、たちまち土地の名士になってしまいます。実はこの3人こそ、アメリカ全土を震撼させたピストル強盗、ブッチ・キャシディーとサンダンス・キッド、そしてキッドの妻エセルの世を忍ぶ姿でした。1905年2月14日、リオ・ガジェーゴスの銀行を2人のアメリカ人が襲い、電報ケーブル線を切って逃走。チョリラのアメリカ人3人が、どうも国際指名手配中の3人ではないか。ブエノス・アイレス警察が捕獲隊を繰り出したときには、3人は馬で北のサン・カルロス・デ・バリローチェへ逃走、ナウエル・ウアピ湖から蒸気船でチリへ渡ってしまいました。その後も強盗を重ねながら、ついにボリヴィアへと国境を越えた2人のガン・マン（エセルは、"もう充分、冒険を楽しんだわ"と言って2人と別れて、カリフォルニアへ帰りました）。潜伏していた渓谷で発見され銃撃戦となり、深手を負ったキッドを殺して、キャシディーもピストル自殺するのです。渓谷の通称はVaca Muerta（ヴァーカ・ムエルタ、死んだ牛）。2006年9月、我々は、バイクを駆って国境を越えボリヴィアに入り、トゥピサという町を経由して川床を走り（川床を道として使っている）、夏場は川の水が増水するので陸の孤島になるというアトチャの町を通過して、Salar de

Uyuni（サラール・デ・ウジュニ、ウジュニ塩湖）へ行きました。その道中にあるのが"死んだ牛"渓谷。赤茶色の岩肌、数mもあるサボテンの林、ハリウッド映画の西部劇の舞台そのものでしたが。ポール・ニューマンとロバート・レッドフォード主演の映画にもなったこの物語。チョリラには3人が住んでいた家（というより、小屋）が保存されています。

　エスケル名物はまだあります。レール間の幅75cmで走る蒸気機関車です。20世紀初頭、パタゴニア地方にはウスアイアを走っていたあの"監獄列車"を除いては、支線は2本、マドリン港とトレレウを結ぶ線と、バイア・ブランカとネウケンを

川床を走り、ウジュニ塩湖へ行きました（2006年9月撮影）。

ウジュニ塩湖。冬場にのみ見られる塩の結晶が美しい。

連絡する線しかありませんでした。政府はブエノス・アイレスとパタゴニアを列車で繋ぐ計画を立てましたが、第1次世界大戦の影響でアルゼンチン経済が翳り、その計画は部分的にしか実行されませんでした。1922年、計画は経費の安い小型の列車（レール幅75cm）を購入することで内容が変更されて推し進められます。チュブット州の北、リオ・ネグロ州にあるインヘニエーロ・ハコバッシからレールの敷設が開始され、1941年にはエル・マイテン駅までが開通。1945年にはエル・マイテン駅からエスケル駅までの165kmも開通し、これにより、ハコバッシからエスケルまでのパタゴニア急行の全長402kmが完成しました。そして、1950年、ブエノス・アイレスとエスケル間、約2,000kmを列車で旅することができるようになったのです。現在では、このオールド・パタゴニア急行は、エル・マイテン駅を出発してトマエ交差点までの約25kmの折り返し運行、またはエスケル駅発、ナウエル・パン駅着の約18km間の往復、のみが運行されています。

　さて、列車は、エスケル駅を出発すると、国道259号線にぴったり平行して走ります。列車の窓の左側にはエスケル連峰が、右側にはこの付近の最高峰ナウエル・パン山2,153mが見えます。それらの山肌は、どんな鉱物が含まれているのか、桃色を帯びています。エスケルとは、先住民語で"アザミ"を意味しますが、エスケルの町を取り囲んでいる山々が、アザミの花の色と同じ、紫がかったピンク色に染まって陽に映えています。列車はそのアザミ色の山々の谷間を時速30kmでゆっくりと走り、やがて陸軍騎兵隊第3連隊の駐屯地の縁(へり)に差しかかると、そこには、迷彩色の服を着て黒いベレー帽を被った、連隊所属の二十数人編成の軍楽隊が、3列横隊に並んで列車を待ち受けていて、列車の通過に合わせて演奏し、乗客を歓迎してく

れました。

　列車はしばらくして国道259号線を横切り、そしてすぐまた、今度は国道40号線を渡って走ります。薄紫色の煙が山々の裾野に細く長くたなびき、国道沿いにあるエル・ボケーテ湖の辺りを飛翔するフラミンゴの赤い群れを遠くに見て、ナウエル・パン群峰の麓にあるナウエル・パン駅に到着します。ナウエル・パンはマプチェ族の居住地。列車が到着すると、マプチェ族の女性たちが民芸品やお菓子などを売りに来て、接待役を務めてくれます。帰路。客車に乗り込んだマプチェ族の男性たちによる、フォルクローレの演奏を聴くのもいいのですが、我々は食堂車へ行き木製のベンチに腰掛けて、サラマンドラ（薪ストーブ）のぬくもりと、熱いコーヒーにアップル・ケーキを楽しみました。

　そして、エスケルの冬のアトラクションは、何といってもスキーです。La Hoya（ラ・オージャ）スキー場はスロープが緩やかで、私のような初級者には打ってつけです。

● 2005年2月1日

　エスケルの町を出発するのは、到着したときとは別の感動が伴います。朝の出発が早い我々が、国道259号線を約10km走り、国道40号線に乗って徐々に速度を増していき、数km走って後ろを振り返ると、丁度、昇ったばかりの朝日を受けて、鮮やかなアザミ色に染まったエスケル連峰が、やさしく我々を見送ってくれるからです。そして、いつもここで少し感傷的な気分に浸ります。この次、ここに来られるのは、いつになるか

な、と。

　オールド・パタゴニア急行の線路とほぼ平行して1時間ほど走ると、国道40号線は線路を離れて北西に進路を変え、それを70km走ると、リオ・ネグロ州に入って最初の給油地である、El Bolsón（エル・ボルソン）に到着します。バック・パッカーたちであふれている町です。

　1969年、ここに最初のヒッピーたちがやってきました。工業化の急激な進歩や、戦争、資本主義に反対し、大自然との共存を求めて自給自足の生活をしたのがオリジナルのヒッピーたち。利益を目的としない協同体。エル・ボルソンで共同生活を始めたヒッピーたちは、当時、ブエノス・アイレスで商業的に大ヒットしたオペラ・ミュージカル『ヘアー』のスタッフたちでした。生活が成り立たず、7年後に去っていきます。次にここに現れたヒッピーたちは、軍事独裁政権の弾圧が厳しいブエノス・アイレスから逃れてきた左翼グループ。彼らの多くが富裕層の子女でした。そして、現在ここにたむろするヒッピーたち。一大露天市場を営んで、工芸品のネックレスやペンダント、ハンドバッグや袋物を旅行者に売る。オリジナルのヒッピーたちが知ったら鼻白んでしまうような商売人です。

　エル・ボルソンで給油して、深閑とした森林地帯の、カーブの多い道を時速100kmで飛ばし、右に曲がり左に曲がり、モトクロスの主役になった気分を楽しみ、やがて現れたギジェルモ湖を右手に見て、続いて現れるマスカルディ湖とグティエッレス湖を左手に見ながら、樹木が陽光を遮りひんやりとした空気の中を走って、南米のスイスと呼ばれ、修学旅行とハネムーン先の人気ナンバー・ワンの、Nahuel Huapi（ナウエル・ウアピ）湖の畔にある人口10万を超える大都会、San Carlos de

Bariloche（サン・カルロス・デ・バリローチェ）に着いてみると、気温は25度、アスファルトの照り返しが目にまぶしい、夏に再び戻っていました。南緯41度09分。湖畔の有名レストランで食べた虹鱒のレモン・ソース味が美味でした。町は、深夜過ぎまで、そぞろ歩く観光客で賑わっていました。

● 2005年2月2日

　ナウエル・ウアピ湖から流れ出ているのがリマイ川。平均水量は毎秒224㎥。パタゴニアのこの地方は、この川の流れによって、北のネウケン州と南のリオ・ネグロ州に分かれています。深い緑色の水の流れに沿って国道40号線を北上しながら、私は、1875年、イナカジャルの案内で、この川を大西洋側から遡っていき、ナウエル・ウアピ湖を発見した、ペリート・モレーノの長い旅、パタゴニアの旅と彼の人生の旅、を感慨深く思い出していました。ホセは、私の感慨も、目を洗われるような鮮やかな緑の森林風景もそっちのけで、カーブが続く道を、腰を捻り体の重心をこまめに変えながら、バイクを操りカーブを曲がることに専念していました。と、Sの字の、先が見えない急カーブに差しかかり、ホセは、左側にまずカーブを曲がり、その先にすぐ鋭い右回りのカーブがあると気が付いたときには、もう対向車線に出てしまっていました。あわててカーブを切るホセ。バイクを右に傾かせ過ぎたため、サイド・ケースが道路をかすりました。わっわっわっ！　幸い対向車がなかったので、まだ2人とも生きていて、私は、今、このくだりを書いていますが。"まだ、僕らの順番（あの世へいく）ではな

かったんだよ。"ホセがこともなげに言いました。

　70万haの広さを持つ、ナウエル・ウアピ国立公園の横を過ぎると、国道40号線は再びパタゴニア・ステップの中を走っていました。国道は、巨大な貯水湖、エンバルセ・ピエドラ・デル・アギラの上に架けられた橋を渡り、さらに北へと延びていきますが、我々は東へ行かねばなりません。ここで国道237号線に乗り換えました。

　Piedra del Aguila（ピエドラ・デル・アギラ、鷲の石）。バリローチェから丁度200kmに位置する人口約3,000人の町。国道沿いの、赤い玄武岩が剥き出しとなっている低い丘の上に、羽を広げて飛び立とうとする、アギラ（鷲）を象った石像（多分、セメント作り）がありました。記念撮影と給油をして、さらに小一時間、赤茶けた台地の中を走ると、この地域のもうひとつの巨大貯水湖、エンバルセ・エセキエル・ラモス・メクシアが現れます。表面積830km^2。その最北端にあるダムが、エル・チョコン。付近には恐竜の化石が出土するため、恐竜の姿を象った大きな標識が国道沿いにあります。何回かのパタゴニアへの旅の途中、何度もここを通過しましたが、標識は、貯水

ピエドラ・デル・アギラ。赤い玄武岩が剥き出しとなっている低い丘の上に、羽を広げて飛び立とうとする、鷲を象った石像がありました。

湖の上を吹き抜けてくる強風のため、いつ通っても恐竜の体のどこかが吹きちぎれていました。

　恐竜の標識から25km走ると、国道237号線が終わって国道22号線がそれに続き、ほどなくネウケン州の首都、ネウケンに入ります。国道22号線はここから真東に延びていて、数km単位で人口数千から数万の町が国道沿いに発達し、それらの町に入ると、文明社会に戻ってきた証拠として、信号が100mごとにぶら下がっています。この辺りはリンゴと梨の一大生産地。私がアルゼンチン店の農産物の輸出を担当していたわずかな期間に、ここのリンゴの加工業者と連絡を取り、リンゴの濃縮ジュースを日本の清涼飲料メーカー向けに成約させたこともありました。そして、その数年後には、リンゴと梨に有効な農薬の原体を、この地域の農薬輸入・販売会社を経由させ、大手製剤会社に売り込むことにも成功しました。あの営業の現役時代、国道沿いに並んだ建物の看板が、皆、何かの商売に繋がって見えました。"千三つ"（千の試みの中で3つだけ成る）と言われた商社の新規商い成立の確率が、私の場合には当てはまらず、狙い定めた試みの、10に3つは当たりました。

　リマイ川は、この辺りではリオ・ネグロと名前を変えて国道の南側を流れ、ネウケンから東へ44km、Villa Regina（ヴィジャ・レジーナ）まで走ったとき、耐え難い真夏の午後の陽射しが襲ってきて、涼しいホテルの1室を求めて国道を降りました。

● 2005年2月3日

　北パタゴニアのこの地方は、別名Comahue（コマウエ）とも呼ばれています。
　とげのある植物に包まれた、バルダという白っぽい乾いた丘が続き、午後には気温が40度を超え、バイクでそこを走る我々には、まさに灼熱地獄となります。
　2月3日、旅の21日目。何とか正午前にこのコマウエ地方を走りきってしまおうと、夜が開け放たれ気温が上がり始める前に、もうバイクを引き出していました。目抜き通りを走って、バルダスが立ち塞がる突き当たりまで行き、そのひとつ、高さ80mのバルダの上に、右手に槍を摑んで、左手を目の上にかざし、大地を見透かして立っている、インディオ・コマウエ（先住民コマウエ、テウエルチェ族）の12.9mの白い彫像に、今日1日の走行の無事を願い、かつての彼らの土地を走る許可を求めて、心の中で礼拝しました。
　再び目抜き通りを走って国道へ出て、スピードを上げていき、十数km走ったとき、エンジンに何か変調が起きました。路肩にバイクを寄せるホセ。バッテリーがオカシイ。ヴィジャ・レジーナへ引き返すか、次の町まで行くか。ホセの判断に任せ、Choele Choel（チョエレ・チョエル）まで走ると、人口1万人のこの小さな町の、バイクの修理工場はすぐ見つかりました。バッテリー調節器が壊れていて、バッテリーに高い電流が送り続けられ、結果、バッテリーも壊れていることが判明。修理工場にはトランザルプ用バッテリー調節器のスペアが

なく、バッテリーだけを交換することにして、新しいバッテリーを3時間だけ充電させ、それでBahía Blanca（バイア・ブランカ）まで何とか走らせることにしました。そこまで話が決まったときは、すでに正午すぎ。暑い！　工場は午前中の仕事を終了させ、午後3時まで閉鎖。ネグロ川の畔のレストランでサンドイッチを食べ、余った時間を河畔の木陰に涼を求めて、地面に寝転んで過ごしました。南パタゴニアの凍てついた強風が、ひどく懐かしく思えました。

　チョエレ・チョエルからネグロ川の流れに沿って、国道250号線を南東に下れば、旅の1日目に到着した、ヴィエドマの町に出ます。が、我々はネグロ川から離れて、国道22号線をひたすら東へと走り、ラ・パンパ州との境、Río Colorado（リオ・コロラード）で給油して、さらに東進して灼熱のパンパ・ステップを横切り、ブエノス・アイレス州に入ってなお走りに走り続けました。が、あの石油化学工業の都市バイア・ブランカに辿り着いたときは、午後も6時半を少し回っていて、修理工場のシャッターはどこも固く閉ざされていました。

　翌朝、ホテルの部屋備え付けの電話帳の頁をめくり、ホンダの修理代理店に電話して、バッテリー調節器のストックの有無を確認してからバイクを持ち込みました。修理店では仕事が詰まっていて、調節器は売ってくれましたが、取り付けてくれません。ホセが代理店の技術者に聞きながら自分で取り替えました。これで、よし！　ブエノス・アイレスまで、あと700km！
　夕方までに走り切ろう、と走り出したのですが……暑いのです。ヘルメットの中の頭が汗で蒸しました。往路はこれからウスアイアを目指すのだ、という気力に満ち満ちていました。

が、帰路はその意気込みがありません。結局、200km進んだだけで、トレス・アッロージョスの国道沿いのホテルにチェック・イン。ライディング・スーツを脱ぎ捨て、プールに飛び込んでいました。まあ、いいか。明日、日の出前に発てば、午前中には着けるのだから。

●2005年2月5日

2月5日。土曜日。23日目、旅の最終日。
夜が明けるのを待ち、出発。
穀倉地帯では、前日、よく晴れていた場合、太陽熱で暖まった地面が夜間に冷え、熱が地面から放射されて、明け方、ひどい濃霧となることがあります。ミルクの中にいるようで、自分の足元すら見えません。が、この朝は快晴。92km先のBenito Juáres（ベニート・フアレス）にある、国道沿いの素敵なレストランで、朝食を摂るのを楽しみにして走りました。
大きな朝日が昇りました。東に向かっている我々は、ブエノス・アイレスまで朝日を見ながら走るのです。冴え冴えとした冷気に身が引き締まります。気温は8度。昨日の午後の暑さが嘘のよう。この気温でなければ。国道沿いのヒマワリ畑の花は枯れ、ぎっしり詰まった黒い種が熟れて重く垂れ下がり、収穫を待つばかりとなっています。のどかな田園風景が続いていました。と、ベニート・フアレスまであと数kmというところで、国道にパトカーが停まり、迂回指示を出していました。速度を落とし、指示に従って迂回しながら道路上に見たものは、大破したバイクと、路上で幌をかけられた物体、疑いの余地な

く、バイクを運転していた人の体、でした。数m後方には西を向いたトラックが停まっていましたから、バイクはトラックと衝突したのです。バイクを運転していた人は、どんな人生を送っていたのか。誰と朝食を摂り、誰にキスして家を出てきたのか。もしかしたら、我々があそこにいたかもしれない。我々が幌をかけられていたかもしれない。ただ、我々の順番ではなかったというだけだ。ただ、それだけの差だったのだ、と。そして、一足先に逝ってしまったライダーの魂魄は、この広大肥沃な穀物倉、ブエノス・アイレス州の爽やかな青い空の下を、愛用のバイクを駆って、真っ直ぐ朝日に向かって旅立って逝ったのであれば、それは、何と素晴らしい旅立ちであったことか、と、思い直していました。

午後1時15分。
仕事を終え、帰宅を急ぐ人々の車で渋滞する7月9日大通りを走りました。凱旋です。

オベリスクが次第に大きく見えてきます。パーロ・ボラッチョの花が満開です。花はやがて緑色の実を結び、ふわふわした白い木綿状の中身が弾けて、たくさん、街路に舞うでしょう。

オベリスクの真横を走り、見上げれば、ブエノス・アイレスの青い高い空の下、真っ白な尖塔が誇らしげに輝いていました。

総走行距離8,881km、うち、未舗装道路2,458kmの長い旅を終えました。

……産業機械商いの開発と並行して、私は本社の物資部とがっぷり四つに組み、紙の商いも大きく伸ばしました。紙といって

もコモディティーとしての紙ではなく、単価の高い感熱紙。当時、アルゼンチンでは、感熱紙を利用した様々な用途が開発されつつありました。例えば、チケット・ディスペンサー。バスの乗車券、高速道路の料金領収書、などを発券する機械です。機械の中には感熱プリンターが組み込まれており、データはプリンターで感熱紙に印字され、利用客のチケットとなって発券されます。私はこれに着眼しました。感熱紙と感熱プリンター、この2つを抱き合わせて売り込めないだろうか、と。

バス・チケット・ディスペンサーのメーカーは当時、国内に3社。そのうちの1社にアプローチ。メーカーは、私が持ち込んだ感熱紙のロールとプリンターを機械に取り付け、実験を開始しました。感熱プリンターに組み込まれたカッターで、感熱紙ロールに印字されたチケットを、1枚1枚切り離すテストです。乗客が機械に投げ込んだ小銭を、コイン・チェンジャーが仕分けしてチケットを発券、チケットにはバスの路線名、料金、発券された日時などが印字され、カッターで切られてお釣りと一緒に下の受け皿に落ちます。乗客はそれを保存しておけば、通勤中の事故に遭遇した場合、チケットが証拠となり労災が適用されます。ですから、正確な印字・確実な切り離し、のテストは大切でした。昼夜を徹してテストが続けられました。1台のプリンターで何枚チケットを切り離せるか。10万枚、20万枚……実験終了、合格。

プリンター・メーカーの若い技術者が飛んできて、この発券機メーカーに技術指導を施し、アルゼンチン技術代理店に任命してしまいました。そして貨物が大きく動き出しました。感熱プリンターは数百台単位で。感熱紙はコンテナ単位で。

本社の物資部は、相次ぐ大量成約に大いに沸き上がり、すぐさま若い社員を送り込んできました。1年間の語学研修の後、

私の指導で業務研修をするためです。アルゼンチン店の社長はこの若者を、ブエノス・アイレスから700km西のコルドバ大学に送りました。語学研修を終えてアルゼンチン店に赴任したこの若者は、しかし、見事なばかりのコルドバ訛りとなっていて、ブエノス・アイレス語しか話せない私を当惑させました。

　折りしも開催されたアメリカ会議で、新たな方針が打ち出されました。"南米各店は、メルコスール（南米共同市場）協定のメリットを享受させた商いを開拓せよ！"

　それで、また、私にお鉢が回ってきました。"ミドリさん、あんた元気やから、これもやってや。頼んだで―"と。当時の社長は大阪のご出身、惚れ惚れするような浪花弁を話され、そのまろやかな、人の心を溶かす口調で頼まれると、しゃちほこ立ちでもなんでもしてみせまっせー！　と、張り切ってしまったものでした。

　そして作った商いが、アルゼンチン産バス・チケット・ディスペンサーのチリ向け輸出。当時メルコスールには、アルゼンチン・ブラジル・パラグアイ・ウルグアイが加盟していて、チリは準加盟国でした。発券機に組み込まれている部品のひとつ、感熱プリンターをアルゼンチンに暫定輸入し、アルゼンチンで機械を組み立てチリに輸出した場合、プリンターのアルゼンチン輸入税はかかりません。メルコスール圏内への再輸出を目的としているからです。チリ側の輸入税もアルゼンチン製品であるので、免税の対象となります。この関税の法則・商いの構造、に組み込むべきチリ側の輸入者を捜すこと、が私の仕事でした。チリ・サンティアゴ店の協力を仰ぐことにしました。

　当時のサンティアゴ店の社長は、私がアルゼンチン店に入社した時期、1年間の任期で、本社からアルゼンチン店に長期出張員として派遣されていた方でした（その方が、サンティアゴ

店での任期終了後、アルゼンチン店の最後の社長として赴任されるのですが)。

　私はサンティアゴ行きの飛行機に飛び乗り、アンデス山脈を越えました。

　チリでも道路交通法が改正されつつある時期でした。スモッグのひどいサンティアゴでは、自家用車による通勤・通学を制限する法案が施行され、効率のよいバス運行の方法が模索されていました。話はとんとん拍子に進み、商談成立。数か月後、アルゼンチン製バス・チケット・ディスペンサーを積み込んだ最初のトラックが、フフイ州、海抜4,400m地点にある、Jama(ハマ) 国境からアンデス山脈を越えていきました。……

第III部

ブエノス・アイレス～アタカマ
Buenos Aires ～ Atacama

● 2005年6月29日

　2005年6月29日。ウスアイア遠征の旅から戻った6か月後、我々は真冬の国道9号線を北西へと走っていました。

　Córdoba（コルドバ）市までは700km。交通渋滞の激しい市内には入らず、市をループしている高速道路に乗り、南側半分を回ったところで高速を降りました。

　向かった先はAlta Gracia（アルタ・グラシア）。アルゼンチンの革命家、エルネスト・チェ・ゲバラが幼年時代に暮らした場所。チェ博物館として公開されている、ゲバラ家の前にバイクを着けました。が、すでに閉館。翌朝も、まだ時間が早過ぎるのか、門扉は閉まったままでした。建物の前で記念撮影。

　ヴィジャ・カルロス・パス、コスキン、ファルダ、ラ・クンブレ、カピージャ・デル・モンテ……。コルドバ山脈山中に点在する美しい町や村の数々。夏場の観光客の喧騒は、今はありません。Deán Funes（デアン・フーネス）から国道60号線に乗り換え、70km北上すると、真っ白な塩田が国道の両側に広がり、強烈な太陽光線を反射させて目を射りました。州境を越えてカタマルカ州に入り、国道157号線に乗り継ぎサンティアゴ・デル・エステーロ州を軽く突っ切り、アルゼンチン共和国の庭園と呼ばれているトゥクマン州へと、バイクを押し進めました。州の西側半分は、ゲリラが潜めば革命でも起こせそうな密林地帯です。

　ラマドリッドから西に折れ、フアン・バウティスタ・アルベルディから国道38号線を15km走りました。そこで右手に現れ

たのが州道332号線の土の道。6km走って着いた村が、ロス・コルドバ。バイクのエンジン音を高鳴らせ、土煙を巻き上げ、サトウキビ畑の横から乗り入れた家。そこが、ホセが9歳のとき9か月間だけ暮らした母方のお祖父さんの家でした。お祖父さんと同居している、ホセの従兄弟の嫁さんは、警察が何かの取り調べにやって来たと勘違いして、持っていた盥の水を取り零し、庭で遊んでいた子供らを、追い立て急き立てして家に逃げ込んでしまいました。連絡なしで行った我々が悪かった。

　ポルテーニョ（港生まれ、ブエノス・アイレス生まれを意味します）であったホセは、この家から村の学校へ通い、都会生まれであるというだけの理由で、学友たちから毎日殴られ、やがて登校を拒否してお祖父さんの農牧の仕事を手伝うようになりました。裸馬のたてがみを摑んで跳び乗り、あぶみなしで遠乗りし、お腹がすくと馬を降り、清流の縁に生えているベッロ（クレソンに似た草）に口を近づけて、馬と首を並べて食べたそうです。ある日は豚の世話を引き受けて、その豚を炎天下の杭に繋いだまま、サトウキビを機械に投げ込んで切る作業に見入って豚の存在を忘れ果て、思い出したときにはその豚は、熱射病で息も絶え絶えで、水をかけようが綱で引っ張ろうが起き上がれないまま死んでしまい、お祖母さんからこっぴどくムチで叩かれたのだと。そして、お祖母さんは、死んだ豚の首を切って血を盆に受け、お腹を割いて腸を取り出し、豚の肉と血と香辛料を捏ねて詰め込んで、美味しいチョリーソ（ソーセージ）を作ってくれたのだと。

　サトウキビの収穫時、きびの固い外側の皮を焼く煙が村に町に充満し、その煙のはるか彼方に霞んで見えていた山脈の、名前も知らずに憧れて、あそこまではどれほど遠いのかな、と思っていた、その山脈の名がAconquija（アコンキーハ）であ

ることを、そっとホセに告げたのは、何十年も経ってから知り合った、日本人の私でした。

　お昼時に到着した我々をもてなす用意が家にないことを、充分に知っていたホセは、州道に入る前、国道沿いのお店で肉をたくさん買い込んでいました。私はそれを片手に抱えて到着したのです。ホセの従兄弟の子供たちは、在宅していた頭数だけでも5～6人、そして、嫁さんのお腹にも、今、もう1人いるのだと。戸外に長板3枚を組み立てたテーブルの上で、お祖父さんが地面に熾こした炭火の上に、被せたグリルで焼いてくれた肉を食べ、昔話に沸き弾み、近い再会を約束して辞したのは、もう夕方の5時でした。

　国道38号線に戻って60km走り、州道307号線を左手に認めたとき、その奥の南北に連なるアコンキーハ山脈には、早や、陽が沈みかかっていました。タイヤのチェーンの張り具合を見て、タイヤを軽く蹴って空気が抜けていないことを確認するホセ。そして、夜間の山岳地帯の走行に覚悟を促し、10kmほど平地を走った後、アコンキーハ山脈へと分け入っていきました。植物が覆いかぶさるようにして生い茂る暗い細かいカーブの山道を、息を詰めながら50km走ると、暮れなずむ濃紺の空に浮かんだ薔薇色の雲の下の谷あいに、赤・青・黄・緑の宝石を無数にばら撒いたような、Tafi del Valle（タフィ・デル・ヴァージェ）の美しい町灯りが、はるか前方に見えて来ました。海抜2,014m。

　夜8時。レストランのあるホテルにチェック・イン。シャワーを浴びると、すぐディナー・タイムになりました。隣のテーブルから聞こえてくるのは、昔、聞き馴れたイタリア語。我々の後に続いてチェック・インした中年の男女。と、男性がスペイン語で話しかけてきました。アルゼンチンの最北東、ミ

シオーネ州出身の男性はイタリアに移住して、現在はフィレンツェでこのイタリア人女性と同棲中。あんな急カーブの暗い山道をバイクで走るなんて凄い、君らが曲がると僕らも曲がった、君らのテール・ランプが僕らの目印だったよ、と。すっかり意気投合した4人。そして彼らと、ある約束をしたのです。

● 2005年7月1日

　タフィ・デル・ヴァージェ（谷間のタフィ）を出発し、180度ずつ回転する、長い大きなカーブを曲がりながら、山を登っていきました。放牧された馬や牛が国道にも出ています。彼らの大きな糞が幾つか道に転がっていれば、必ずその先に彼らがいるので要注意。"谷間のタフィ"は次第に小さくなっていき、やがてはるか下の雲の中に霞んで見えるようになりました。
　このコースを走るのが好きで、その後、冬が来るたびに、何度もここへ戻ってきました。山ひとつ越えて谷間のタフィが見えなくなると、途端に、サボテンが生えた乾いた景色となりました。写真を撮ろうと路肩にバイクを停めた途端に転倒、砂利が細かく柔らかかったので、バイクの足が立たなかったのです。前方から走ってきたトラックから、3人の男性が降りてきて、バイクを起こしてくれました。
　Quilmes（キルメス）からは国道40号線です。東のカルチャキエス群峰と、西側のキルメス連山の、それぞれ4,000m級の峰々を見ながら北上していきました。3km走ると左手に土の道が延びていて、それを5km走った突き当たりにキルメスの遺跡がありました。10世紀ころからこの辺りに住み着いたと

いうキルメス族。1667年、スペイン軍の侵入を受け、闘います。生き残って捕虜となったのは約2,600人。スペイン軍にムチ打たれつつ、水も食糧も与えられずに1,000kmを歩き通し、ラ・プラタ川の岸辺まで連行されて来たときには400人になっていました。そして、彼らが住みついた場所が、現在のブエノス・アイレスの衛星都市、キルメス。ホセはそのキルメスの住人です。

　Cafayate（カファジャーテ）から2km走り、東側に折れて国道68号線に乗ると、赤茶色の岩山が連なる峡谷に入ります。ここから先の50kmも、我々が好んで走った道のひとつ。風で風化した岩山には、その容姿に似せた名前が付いています。"砂丘"、"お城"、"窓"（岩山が小さく窓を開けたように風化していて、そこから空が見える）、"オベリスク"、"修道士"、"ヒキガエル"、"円形劇場"、"悪魔の喉（のど）"、など。国道68号線はやがて平野部に出て、サルタ市の中心部へと我々を誘導しました。

● 2005年7月2日

　7月2日、土曜日。朝6時。気温1度。

　モビ・トラックと呼ばれる、トラックの屋根の上に観覧席をしつらえた車両のあとにぴったり付いて、まだ星が輝く夜空の下を走っていました。

　トラックは、"Tren a las Nubes（トレン・ア・ラス・ヌーベス、雲へ行く汽車）を見物するツアー客を満載しています。雲への汽車は、サルタ駅を出発し、陸橋ラ・ポルヴォリージャ（海抜4,220m）までの217kmを、国道51号線とほぼ平行して

走ります。我々も国道51号線を走って汽車に伴走しよう、という計画でした。

　汽車がサルタ駅を出発するのは朝7時。その1時間前に出発して、山の中で汽車を待ち受けるのです。ただ、その山の中に至るまでの道が判らない。それで、トラックのあとに付いて走っているのです。山の中に入ると、ひどい風が出始め、気温が急激に上がってきました。真っ暗な夜道の山肌側の木が、ざわざわと強風になびきます。熱い風。舞い上がる砂。Zonda（ソンダ）です！　アンデス山脈から吹き降ろしてくる、噂に聞いていた熱砂の嵐です。

　前を走っていたトラックが停まりました。"ここから先は1本道だから、先へ行きな。このまま後ろにくっ付いていたら、砂で真っ白になってしまうぜ（もう真っ白になっている）。ただ、谷底に落っこちねえように気を付けてな。"その恐ろしげな谷底は、幸い暗くて何も見えませんでした。8時。ようやく空が白んできたころ、未舗装道路が終わり、幅の広いアスファルト道路になりました。ここで汽車を待つことにしました。

　9時。やってきました！　山の中から汽車が姿を現しまし

やってきました！
山の中から汽車が姿を現しました！

汽車から撮った写真。

た！　走る汽車を背景にして交互にバイクの横に立ち、写真の主役を務めた後、すぐバイクに飛び乗って、汽車のあとを追いました。そして、谷間のタフィのホテルで知り合った、イタリアから来た2人の姿を汽車の窓に捜したのです。

　汽車に乗っている2人の写真を撮ること。そして彼らは走っている我々を汽車から撮ること。これが交わした約束でした。ところが、汽車の窓からは、乗客が一斉に体を乗り出しカメラをこちらに向けているのです。パンフレットには載っていない、飛び入りのアトラクションを写そうとして。どれがあの2人だか……いました！　走りながらシャッターを切り続ける私。しばらく汽車に伴走した後は、San Antonio de los Cobres（サン・アントニオ・デ・ロス・コブレス）を目指して一路、サボテンの峡谷の中を走りました。

　サン・アントニオ・デ・ロス・コブレスの町。
　雲への列車の終着駅。海抜3,955m。ここから雲への列車は数km離れた陸橋まで走ったあと、サルタへ向かって折り返します。

陸橋近く、道には数百mの長さにわたって氷が厚く張りついていました。

　2011年8月、我々が国道40号線を北からバイクでこの陸橋近くまで下って来たとき、道には数百mの長さにわたり氷が厚く張っていて、もう1mも進めなくなりました。日没間近。後方の町までは100km以上もあり、引き返すこともできない。道を降りて野原の中を進むことにしました。すぐそこに陸橋が見えているというのに。あそこの近くまで行けば、アスファルト道路に出られるというのに。日が没し、寒さが急激に増す中、5m進んではバイクを降り、地面を確認し、また10m進んではバイクを停め、薄く張った氷を除き、を繰り返して進み、夜9時、何とか町まで辿り着き、予約してあったホテルにチェック・インできました。

　あの旅も凄かった。いずれ詳しく書く機会もあるでしょうが、そのホテルのレストランの給仕が、ゴメス氏。毎回、"凄い状況"から脱出して到着する2人に呆れつつ、疲労困憊した我々を心からもてなしてくれるのです。そのゴメス氏を驚愕させ、感動させた凄い状況が、2005年7月5日に起きるのです。

　国道40号線から離れて、我々は国道38号線を進みました。

次の町、Susques（ススケス）までの近道を試みたのです。Cobres（コブレス）の村へ着くと、村人たちは、ここから先の道はひどい道だからやめた方がいい、と。村人たちが教えてくれた別の道を進みました。だんだん砂が深くなり、2人してバイクのペダルの上に立ちました。7〜8mはありそうな、カルドンと呼ばれる巨大な数本のサボテンの根方に掘っ立て小屋が1軒、童話の世界の魔法使いの家に見えました。"ねえ、私たち、村の人に騙されたんじゃないかしら。"沈黙を保つホセ。"ねえ、これよりひどい道なんてあると思う？"ホセ沈黙。Uターンできる道幅がないので、黙って進むしかないのです。太陽に炙られ汗を流し、息を細め歯を食いしばって35km走ったとき、はるか前方を車が横切って走っていくのが見えました。あそこまで行けば！　そして、アスファルトの国道52号線に出られたとき、両手を挙げて万歳！　を叫んでいました。ホセも両手をグリップから離してバンジャーイ！　国道脇に腰を降ろしていた警官が、我々を尋問するために近寄って来ました。が、砂地獄の道が終わった喜びに沸いていた我々は、警官を無視して猛スピードで走り去りました。

フフイ州、ススケス。海抜3,896m。チリ国境の手前120kmにある、アルゼンチン側最後の給油地。プーナと呼ばれるアンデス山脈荒野の真っ只中、人口約1,000人の村の、2つあるホテルのうちのひとつ、赤土の壁、わら葺き屋根のホテルにチェック・インしました。カルドンの幹を乾かして作ったベージュ色の調度品が珍しい。部屋のドア。窓枠。ベッドのサイド・テーブル。これらがすべてサボテン作り。ホテル内を興味深く観察している間に、ホセは給油を終え、バイクを仕舞う場所に苦慮しています。夜間は零下20度にもなるというこの場

所で、露天に出したままでは、明日、エンジンがかかるかどうか。ホテル裏の、ホテル増築現場の屋根下に駐車スペースを確保して、部屋に戻りベッドに倒れ込んだホセ。頭が痛い、と。高山病の症状でした。症状には心当たりがありました。以前、車で、カタマルカ州、サン・フランシスコ国境（海抜4,748 m）からチリへ渡ったとき、ひどい頭痛と、体が蠟燭のように溶けていく脱力感を覚えました。鎮痛剤をミネラル・ウォーターで飲ませると、すぐ眠りに就きました。南緯23度25分。国道52号線上で南回帰線を越えていました。

● 2005年7月3日

翌朝、ホセの高山病症状はおさまっていました。エンジンがかからないバイクを朝日の下に引き出し、エンジン・オイルが温まるのを待ちました。10時半、ようやく響いたエンジンがかかる快音。出発。3 km走ると、迂回指示。アスファルト道路施工中の国道52号線と平行して走っている未舗装道路を行け、と。また砂利道です。オラロス塩湖を国道の右側前方に見ながら小一時間走ると、今度は左側にカウチャリ塩湖が広がりました。海抜4,000 mを越えると、カルドンはすっかり姿を消し、イチュと呼ばれる、藁をくくって束にしたような低い植物が生えています。30分ごとにバイクを降りて、エンジンの熱で凍えた指先を暖めました。そして、約2時間後、ハマ国境税関に到着。

"この先、70 km地点は路面が凍結しているから気を付けなさい。また、ここから先は登りで風が強いから。昨日もバイク

が1台ここを通過したが、30kmだけ走って、あまりの強風に驚いて戻ってきてしまった。"出国手続きを終えた我々に、税関員が細かく注意をしてくれました。ポリ・タンクに入れてあった予備のガソリンを最後の一滴までガソリン・タンクに注ぎ入れ、出発。登りカーブを5km走ると、"チリへようこそ！ サン・ペドロ・デ・アタカマまで157km"という標識が高々と掲げられ、輝いていました。強風のために雪が降っても積もらず、それゆえ、1年中、通過可能であるという、ハマ国境を越えたのです。

　バイクは、2人の人間の重さのお陰で、高原に吹き荒れる風にも時折お尻を揺さぶるだけですぐ体勢を立て直し、しかし、その重量を牽引して登るとき、1番ギアに入れても時速20kmしか出しません。白く氷結している無数の湖沼群。その周囲にはグアナコよりは大分小ぶりで、さらにほっそりとした体のヴィクーニャが数頭単位で群れていて、わずかに生えている植物を食んでいます。路面凍結している地点は、標高4,728m（これは、2007年7月16日、再びここを通過したときに所持していたGPSで測定した数値です。このとき、ここでトラックの転覆現場を目撃しました。氷が溶けない日陰の急カーブで、

ハマ国境（標高4,400m）から70km、標高4,728m地点でトラックの転覆現場を目撃しました。

転覆事故多発地点なのです。登り坂はさらに続き、チリ国道27号線上、標高が最も高い地点は4,779mでした)。リカンカブール火山、標高5,916m、のほぼ真横を走ったとき、気温は零下3度まで下がっていました。その先に続く長い急な下り坂に差しかかると、アタカマ塩湖がはるか下に見えてきます。路肩には、ブレーキに支障を起こした車両のための緊急駐車スペースが、数百mごとに確保されています。そのひとつにバイクを停め、バイクから降りた途端、よろけました。寒さで足の指と裏の感覚が麻痺していて、地面を踏んだことを知覚できなかったからです。

　午後4時。坂を降りきり、チリ側の税関に到着。気温は22度まで上がっていました。

San Pedro de Atacama（サン・ペドロ・デ・アタカマ）。
　その後、何度も戻って来た私の好きな場所のひとつ。アドベと呼ばれる赤い土壁の家並み。その家の天井のない中庭に熾こした、大きな焚き火の回りに並べられたテーブルのひとつに座って、満天の星を見上げながら蠟燭のほの暗い灯りで食べるディナー。暗すぎて、何を食べているのかも判らない楽しさ。夜が更けて星明りを頼りに歩けば、しんしんと寒さが忍び寄り、夜露で濡れた髪が凍りました。

● 2005年7月4日

　午前中は休息に当てました。連日の強行軍で疲れていました。

午後からバイクを引き出し、北西へ15km、アタカマ砂漠の真ん中、Valle de la Luna（ヴァージエ・デ・ラ・ルーナ、月の谷）の入り口にバイクを着けました。月の谷。アルゼンチンのサン・フアン、国立公園イスチワラストも通称"月の谷"と呼ばれていますが、ここの"月の谷"が本家本元。

　日没時、長い大きな砂丘の上を歩き、恐竜の背中を思わせる、ギザギザした突起のような岩壁のひとつを選んで、細い頂きの上にしっかりと跨り、月の谷を一望するのです。澄み切った深い高い空の下で、谷あいの砂丘と恐竜の背中の岩山は、茜色から桃色に、薄紫色から紫紺色へと見事な変貌を遂げます。観光客は、その日没時間に合わせて押し寄せますので、バイクの我々は、炎天下の午後3時に訪れてみると、誰もいません。大きな砂丘の前で記念撮影をし、砂漠の真ん中を貫いている道を走りました。しばらくすると、風化した岩がツクシのような形で1本、空に向かって突き出ている場所が現れ、ここでも記念撮影。私が命名したこのツクシ岩は、その後、誰かが抱きついて折ってしまったため、このとき写した1枚は、私の宝物となりました。50kmほどを走りましたが、砂が深くなり、引き

ツクシ岩で記念撮影。その後、誰かが折ってしまった。

サン・ペドロ・デ・アタカマから北へ90km。標高4,321m。タティオ火山にある約80個の間欠泉。

返しました。アタカマ砂漠。海抜2,348m。

● 2005年7月5日

7月5日。朝7時。
　ホテルの食堂から食器洗い桶にお湯をもらってきて、エンジンにぶっかけました。こうでもしないと凍ったエンジン・オイルが溶けるまで、また2時間も待たねばなりません。
　7時半。昨日、雇った4WDの小型トラックの運転手、マリオが約束どおりやって来ました。今日、これから目指すのはSico（シコ）国境。アルゼンチン側の最初の給油地は、サルタ州サン・アントニオ・デ・ロス・コブレスの町で、アタカマからは丁度350kmの距離。予備のガソリン20リットルを運ぶために雇った伴走車です。誰もが、シコ国境への道は行ったことがないから、と尻込みする中で、60歳に遠くないと思われるマリオだけが、一度だけ、近くまで行ったことがある、と請け負ってくれたのです。

人口約800人のソカイレの村。

　8時開館の税関に列を作って並び、出国手続きが終了。我々の前にいた車も、後ろに並んでいたトラックも、すべてハマ国境に向けて東側へ急な坂を登っていく中で、我々だけが、シコ国境を目指し、アタカマ塩湖を西側に見ながら、チリ国道23号線を南東へ向かっていきました。海抜3,500ｍに位置する、人口約800人のSocaire（ソカイレ）の村までは90km。その途中、東側に1本、細い道が山の中へ延び、山腹に何か銀色に光るものが見えました。道は、当時まだ計画・建設中だったアルマ天体観測基地へ至る道でしたが、光って見えたのは、プロトタイプとしてすでに設置されていた3本のテレスコープだったでしょうか。

　ソカイレ村を過ぎて30km、チリ国道23号線はゆるい傾斜のカーブを続けながら、東へ東へとアンデス山脈を登っていきました。

　地図にも載っていない成層火山が2つ。小型の富士山が並んでいるような景色なのですが、いずれも5,000ｍ級の山であるはず。我々の走っている道が標高4,400ｍの地点でしたから。その道は、幅が広くしっかり固まった走りやすい砂利道でし

た。国道の左手、青白く半分凍ったミスカンティ湖のフラミンゴはどこかに飛翔しておらず、国道の右手にはタラール塩湖が広がっていました。やがて、国道の両側のところどころに、何日か前に降ったらしい残雪が見えるようになり、国道から左手50ｍほど入ったところに、幾棟かの平屋の建物が現れました。そこが、チリ国境警備隊詰め所であると思いました。だとすれば、ここが国境か。マリオとの契約は国境まで。バイクを停めました。ホセは小型トラックから20リットル入りポリ・タンクを降ろして、バイクのガソリン・タンクの上に乗せ、ゴム・ホースを使ってガソリンを移し変えました。その作業の後で、カメラを地面に設置して、マリオも入れて3人で撮った1枚の写真、これがこの旅行中、私が自分の足で立って写っている最後の写真となりました。

　マリオに約束の金額を払い、先を急いだ我々は、休憩せずに再びバイクに跨りました。と、3ｋｍほど走ったとき、バイクは国道のセンターを外れて次第に右側に寄っていきました。"ホセ、道から外れるわよ！""うん、でも、コントロールできない。MIDORI、体が自由にならない。転ぶよ！"と叫んだ途端、国道から飛び出し原野に出てしまっていたのです。ホセはあわててハンドルを左に切り、バイクを左に傾けて国道に戻ろうとしたところで転倒、私の左足がペダルから外れ、つま先が地面に着いたとき、バイクの重さと我々の体重、その全重量が私の細い足首にのしかかりました。折れた！　と思いました。2人の体は地面に投げ出され、しかし、ホセはすぐ起き上がって私に走り寄り、なぜだ?!　どうしてだ?!　どうして、こうなってしまったんだ?!　大粒の涙を流しながら、なすすべも知らずに叫び続けるホセ。重いポリ・タンクを持ち上げ、酸素が欠乏したことに気が付かず、すぐバイクを走らせ高山病症状に

転倒事故。またひとりになり、寝袋に入ったままホセの帰りを待ちました。

陥り、コントロールを失って転倒、そして、思考能力もなくなっているのです。

　気の毒な状態にあるホセを叱り励まして、3km後方の国境警備隊のベースまで行き、救助を求めるように指示しました。言われるままに歩き出し、ゆっくりと遠ざかっていくホセ。その姿がだんだん小さくなっていき、そしてカーブを曲がって……見えなくなりました。

　ひとりになってしまった……自分の足を観察しました。出血はしておらず、骨が肉と皮を突き破って複雑骨折した様子はなさそうです。ブーツを履いていたから。失血死は免れた。ひとまず安心。と、突然、大きな3つの影が国道を横切りました。今のは何？　ピューマ？　いや、標高4,400mにあの動物は棲息していない。では、ヴィクーニャ？　コンドルは多分、いるだろう。あれは死肉を食べるのだけど、こんなところに倒れていたら、寄ってたかってつつかれ生きながらにして食べられてしまうかもしれない。ヘルメットは脱がないでおこう。そんなことを声に出して呟きながら、ホセの帰りを待ちました。1時間、2時間、戻って来ません。途中で行き倒れになってしまっ

たのだろうか。不安が心に広がったとき、思い出したことがありました。今日は7月5日。私たちが知り合った記念日でした。今朝、起きたときに、どうして思い出さなかったのか。このめでたい日に、こんなことになるなんて。ホセが戻って来てくれることを祈りました。おめでとう、と言いたかったから。そうして、きっかり3時間が経過したとき、ホセの姿が再び山間に見えました！　よかった。生きていてくれた。が、ホセは1人でした。そして、2本の長い棒を引きずっていました。誰もいなかったのだ、救助は来ないのだ、と悟りました。

　MIDORI、あそこは無人だった、でも無線機があったから、無線で、と息を切らせて言うホセを遮り、"ホセ、ホセ、ちょっと待って。何か言う前に私にひとことだけ言わせて。ホセ、フェリス・アニヴェルサリオ！（記念日、オメデトウ）"ホセは見る間に涙を溢れさせ、涙は光って、尾を引いた流星のように頬を伝って流れました。棒をバイクの下に挟んで引き起こそうとするホセ。が、棒は空しく折れました。再び、ベースへ向かって歩き出し、3時間して戻って来ました。メンドーサ州のトラック運転手と、ボリヴィアの女性が無線の呼びかけに応答してくれたそうですが。"MIDORI、今日は多分、もう救助は来ないよ。すぐに日が暮れる。その前に寝袋を用意しないと。"ホセが広げてくれた寝袋に潜り込みました。日が落ちると、いきなり夜がやってきました。ペット・ボトルの水は凍ってしまい、鎮痛剤を唾液で溶かして飲み込みました。日本の使い捨てカイロを幾つも体に貼り付けていましたので、寒さは感じません。風が、ひゅるひゅると音をたてて吹き抜けていきました。"ホセ、今、何をしているの？""星を観ている。"それで、寝袋から少しだけ頭を出すと。わあ！　ものすごい星の数でした。天空に、バケツで銀色の絵の具を思いっきり撒いて描いた

ような太い筋がありました。銀河です。その岸辺からは、大きな銀の粒がたくさんこぼれ出ています。引っ掻けば、ばらばら落ちてきそうなほど、大粒の星々が私の体のすぐ近くにありました。星たちはざわめき、それが耳にうるさいくらいです……私たちの体を構成している元素は、宇宙の星のそれらと同じだ、と言います。だとしたら、私も宇宙から来たのだろうか。そして、今晩、まさに宇宙に還っていくところなのだろうか。だとしたら……もう、いい。もう、ここで死んでもいい。

とにかく、ここまでひた走りに走って来た。この人生の闘いを止め、自分を宇宙に引き渡すことにして、それで満足したのです。頭を寝袋の中に収め、私は深い眠りに落ちていきました。……

ホセが動いている気配がします。朝になっていました。

"MIDORI、もう8時だよ。太陽が昇ったら、もう一度、無線で連絡を取ってくる。"ホセはまた歩いていき、そしてまた見えなくなりました。

またひとりになり、寝袋に入ったままホセの帰りを待ちました。と、ホセが消えた方角とは反対の方向から、人の足音が近づいて来たのです。わけがわからないまま寝袋から顔を出すと、男性が2人、私を見下ろしています。

"あちこちから連絡を受けて来た。それによると遭難者は2人だというが、もう1人はどこにいるのか。""無線連絡するために、後方のLaco（ラコ）国境警備隊のベースへ歩いていきました。""あそこはラコではない。僕らの基地は3km前方にある。あそこは、閉鎖された鉱山の元事務所だよ。"（そういえば、パスポート・コントロールに誰も出て来なかった。）"あそこに使える無線機がまだ残っていたとは知らなかったな。もう

転倒事故。"オカシイナ。朝、通ったときには、ここにこんな川はなかったのだが"。アンデス山脈山中の道は、刻一刻、変化することを、その後の経験で知りました。

1人も怪我をしているのかい。""いいえ、私の知っている限りでは怪我はしていません。""しかし、テントもなしによく凍死しなかったなあ。昨晩は雪が降らず、君たちは幸運だったよ。"

ホセが戻って来て、どうやってここから脱出するかの相談になりました。選択は2つ。ここにテントを張り、約160km後方のアタカマからの救助の車を待つか、ホセがバイクに私を乗せて前方の基地まで行き、そこでアタカマからの救助を待つか。基地には車がありませんでした。車があるとそれに乗って警備隊員たちがどこかに出かけてしまうことを恐れ、最初から置いていないのです。週に一度、木曜日、アタカマから小型トラックが物資と交替員を運んでくるのだ、と。躊躇するホセを警備隊員たちは励ましました。"再び転倒するのが怖ければ、僕らが両側から支える。だが、僕らにはもう水がない。君たちが全部飲んでしまったから。水なしで何時間もここで救助を待つより、基地まで進む方がいいのではないか。"ホセは決心しました。足を板と紐で固定され、後ろ向きにバイクに座らされた私を乗せて、ホセは時速30kmで慎重に走りました。基地の隊員

たちは私たちに優しく、彼らの夕食、豆のシチューを分けてくれました。痛みと疲れで、食欲はまったくなかったのですが、彼らの親切に報いたい一心で、1粒も残さず食べました。

アタカマから無線で呼ばれた車は、消防署所有の小型トラックでした。アタカマに救急車はないのです。夜半過ぎ、診療所に運び込まれました。そおーっと自分でブーツを脱いだ途端、足首はだらりと垂れ下がり、折れてます、と宣言する外科医。ここにはX線の設備がないから、100km後方のCalama（カラマ）の町に行ってもらいます。カラマから救急車を呼びますが、救急車代、払えますか？　はい、大丈夫、払います。

そして呼ばれた救急車で、露天掘りとしては世界一大きなチュキカマタ銅鉱山から16km離れた、カラマの共済病院に収容されました。鉱山では骨折事故も多発するでしょう。怪我人を扱い馴れたレントゲン技師は、無造作に私の足首をあちこちに向けて撮影しながら、言いました。驚いたな、男でもこうすると痛みで叫び声を上げるはずなのだが。脛とかかとが折れていました。

朝8時。執刀医が笑いながら入ってきました。バイクで転倒したんだってね。わっはっは。

バイクに骨折はつきものだからね。僕もヤマハのバイクに乗っている。どこで転んだの？

えっ？　ラコの付近で？　どんな道だった？　何のバイクに乗っていたんだい？　私の足よりバイクに興味を持っていました。ところで、全身麻酔にするかい、それとも局部麻酔がいい？　全身麻酔でやってもらうことにしました。転倒したのは、前日の午前11時。骨折の手術は、骨折から36時間以内にしなければならないそうで、タイム・リミットぎりぎりでしたが、手術は成功しました。

かかとに貫通させてあるスクリューを、40日後にブエノス・アイレスで再手術して抜くのだそうよ。病室でホセに説明していると、看護婦が入ってきて、セニョリータ・ミドリ、これまでの病院の経費は何十何万何千何百ペソですが、このうち、旅行保険でカバーできない分は、脛の骨を固定させるために使用したセラミックの材料です。これが7万5,000ペソですので支払って下さい。えっ？　7万何？　ホセ、計算機、計算機……なんだ、150ドルか、びっくりした。

　5日後に退院許可が出ましたが、さて、どうやって帰るか。1人では飛行機にも乗れません。ホセはラコに置いてきたバイクを取りにいかねばなりません。それで、ホセは車両の調達に町へ出ました。が、国境まで行く勇気のある運転手がいません。アタカマまでなら行く、というタクシーを雇えたのが精一杯でした。

● 2005年7月10日

　朝7時。そのタクシーに乗り込んで出発。看護婦からは、痛み止めの薬と、破傷風防止のための注射剤が渡されました。8時間ごとにおへその付近に注射するのだと。ギプスの足を後部座席に投げ出して座り、砂漠に昇った朝日を窓から拝みました。朝日は、我々を乗せたタクシーの、長い黒い影を砂漠に映し出し、やがて、月の谷が遠く下方に見えてきて、タクシーは東に向かう長い一直線の下り坂を降りていきました。

　アタカマでは、国境へは一度、行ってみたいと思っていた、行ってお金をくれるというなら嬉しい、と張り切る元気な青

年と4WDトラックを雇うことができました。一方で、サン・アントニオ・デ・ロス・コブレスのホテルに電話して、午後3時、国境にハイヤーを手配して待機させるように頼みました。電話応対に出たのがゴメス氏。事態の複雑さに戸惑いつつも、ハイヤーを回すことを確約してくれたのです。

ラコに残したバイクは、すぐエンジンがかかりました。国境はさらに50km先にありました。手配したハイヤーは本当に来てくれているだろうか。いました！ グレーのプジョーが我々の到着を待っていました！ アルゼンチン税関員も総出で迎えてくれました。転倒した場所がチリ領土だったため、管轄の問題で国境を越えて捜索する許可が出なかったのだそうです（どうも、お騒がせしました）。

国境から先は、正真正銘、ラリーの世界。地図ではそこに砂利道の国道51号線が通っているはずなのですが、砂漠の砂が道を消し、川が道を寸断していました。"オカシイな。朝、通ったときはここにこんな川はなかったのだが"と呟く運転手氏。その川を、ペダルの上に立って一気に渡ろうとしたホセに、私は息を止めてカメラを向けました。転倒する様子を撮影しようとしたのです。が、渡り切りました。タンデムで走るにはあまりにも過酷な道が続く中、私はチリ側で転倒した幸運をいつしか天に感謝していました。

夜9時半。ホテルに到着。ゴメス氏が走り出てきて、私を抱きしめ支えてくれました。

翌朝。ホセがバイクの整備をしている間、私は、誰もいないホテルの食堂の、陽だまりの椅子に座らせられていました。火の気のない食堂で、そこだけが暖かでした。

貧乏人のポンチョ（被る外套）。陽光のことをそう言ったのは、誰だっただろうか。そう、あれは、死んだ私の主人でし

た。死ぬ1週間前、コイン・ランドリーの洗濯機が回っている間、陽だまりに腰掛けていて、そう呟いたのでした。あれから何年になるのだろうか。もう随分と長い時間が経ったような気がする。そして、随分と遠くに来てしまったような気がしました。

●2005年7月11日

　7月11日、月曜日。10日前にバイクで走った道を、昨日のプジョーに乗せられて走っていました。"雲へ行く汽車"は、今日は運行していません。ソンダが吹き荒れていた峡谷に差しかかり、谷底を覗き込み、ぞっとしました。暗くて見えなかったとはいえ、よくこんなところを走ったものだと。
　サルタのホテルに着き、部屋備え付けの電話帳の頁をめくりました。バイクをトラックでブエノス・アイレスに送るのです。運送会社と梱包会社に電話して、バイクを梱包して引き渡しました。旅行会社に電話して、飛行機のチケットを空港で受け取れるように依頼し、空港内での車椅子も手配しました。最後に、整形外科用器具を売っている店を捜し、松葉杖を購入して、ようやく人の肩を借りずに動けるようになりました。

　12月16日、ブエノス・アイレスの外科医から完治宣言が出ましたが、転倒事故のショックは2人の心に後遺症を残しました。ホセは私を乗せて走るのがためらわれ、私は未舗装道路を走るのが怖くなっていました。これを解消しなければ。それで12月28日、再びバイクに跨り西へ西へと走りました。そして

1月2日、2人は再びアンデス山脈を越えていったのです。

……ひとつの旅を終えると、すぐ、またひとつの旅に出たくなります。

　旅先で会った数知れぬライダーたち。彼らとは、すれ違っただけの場合もありましたが、多くの場合、ブエノス・アイレスで再会し、あるいは、南米のほかの国、彼らの故郷で再会して交友を深めていきました。一方、すれ違っただけのライダーたちも、彼らがあずかり知らぬまま、その後の我々のバイクの旅に、深く関わりあっていきました。なぜなら、彼らが走った道を、あるいは、彼らが断念した道を、我々も走ってみたいと思い、そして、実際に走ったからです。

　そうして8年間に、通算20万kmを走っていました。タンデムでは走れない道と判断すれば、私はバイクを降りて、ホセだけを走らせました。障害物に突き当たれば、それを取り除く工夫を凝らしました。決して、後戻りはしませんでした。……

エピローグ

コロイコ
Coroico

● 2012年9月13日
コロイコ（ボリヴィア）

　同じく冬の終わり。夜明け近く。

　ホステルのプールのある中庭に降りて、両手を腰にあて足を開いて立ち、ホセはひとつ向こうの山肌にジグザグを描いて延びている、2本の道の行方を見極めているようでした。

　右側に見える道が新しく開通した舗装道路。左側に見えているのが未舗装の旧道。

　いずれもラ・パスに続いている道ですが、今日、我々が走るのは左側の道、通称、"死の道"。数日前に開いた電子メイル・ボックスに入っていた、介護施設長からのメッセージ。

……本日、病院へお母様をお連れしました。担当医の診断結果をお伝えします。
「前回、オペで左肩に入れたワイヤーがずれてしまっているので、早急に体内から出し、ずれた骨と筋肉を縫い合わせ、正常な位置に戻す再手術が必要。9月12日にオペをしたいので、本日は、このまま入院して欲しい。」
　本日、入院の手続きを行ってまいりました。……

　8月9日、施設内の自分の部屋から廊下へ歩いて出たところで転倒し、母は左肩を骨折して手術を受けていました。知らせを受けてすぐ帰国。入院先の母の病床に10日間だけ付き添い、うしろ髪を引かれる思いでアルゼンチンへ戻りました。我々の

エピローグ　コロイコ　253

インキシヴィからイルパーナ。小川が道を寸断していました。結構、流れが速く、そこに架けられた粗末な橋を、私はこわごわ歩いて渡り、ホセは橋を避け、一気に川を横切りました。

　旅の出発が遅れたのは、この予期できなかった母の事故のためでした。しかし、再手術の必要性を知ったとき、すでに国境をボリヴィアへと越えてしまっていました。手術によって起こり得る、あらゆる問題に対する判断と裁量を、施設長に一任するメイルを出しました。

　インキシヴィ。シルクアータ。イルパーナ。チュルマーニ。コリパータ……通り過ぎて来たボリヴィアの、聞きなれない、何かの呪文のような町や村の名前が、亜熱帯密林を貫いている道の、蒸した異常な暑さと一緒に、脳裏にまとわりこびり付きました。私の遺言執行人で、私の親友でもあるその人にも、昨晩、再びメイルを出しました。

……谷底に転落さえしてしまえば、あらゆる苦労から解放されるのに、いざ、その谷底を覗いてみると、絶対に落ちたくないと思っているのです。それで、万全の注意を払って、1kmずつ進んでいくのです。我々が走っている人生の道も、これと似たようなものですね。ひとつ間違えば谷底へ転落するような崖っぷちの道を、誰もが走っているのだと思います。明日、ラ・パ

イルパーナからコロイコ。過去、崖崩れを起こしたような部分が多くなりました。このような部分では、もし対向車があっても、すれ違うことは到底、無理だったでしょう。

スへ向けて、最後の100kmを走ります。……

　7時。何か大きな姿を思わせる野鳥が、どこか近くで甲高く叫喚し、夜が明け放たれたことを告げていました。カメラの調子を確認し、ホセに促されバイクに跨りました。

　石畳の道を通ってCoroico（コロイコ）の町を出て、切り立った断崖に削られ、細く長くジグザグに続く道を伝って渓谷へ降りていき、その渓谷からまたジグザグに登ってひとつ向こうの山の中腹まで来たとき、今走ってきた向こうの山の頂から、星型に光を放射させて朝日が昇りました。ジグザグに登り、ジグザグに少し下り、また登り、またほんの少し下り、して、標高は次第に高くなっていきました。急カーブの道の谷側の縁には、ところどころに十字架が立てられ、山側には、赤い布切れを飾った鎮魂のための祠がありました。急カーブを曲がりきれずに谷底に転落死した人たち。その数、年間平均96人。

　岩壁が庇のように道に突き出している部分から、2日前に降ったという豪雨が小さな滝となって落ちてきます。カメラの上に手の平をかざし、レンズが濡れるのを防ぎました。霧が谷

エピローグ　コロイコ　255

底から立ち上ってきて、前方の視界を遮ります。体を捻り後方を振り返れば、樹木に覆い尽くされた濃い緑の垂直な断崖の中腹を、今走ってきた道が1本の細い黄色い紐のように頼りなげに這い、それも瞬く間に深い霧に包まれ隠れました。先の見えないカーブに差しかかると、クラクションを鳴らし、我々の存在を知らせます。先の見えないカーブは無数にあり、ホセはクラクションを鳴らし続けました。カーブを曲がったその先に、何があっても引き返さない意気込みで。

　と、42km地点で、道に打ち込まれた2本の杭が我々の進行を阻みました。迂回を示す矢印。それに従って走ると、ほどなく、アスファルト道路に出てしまったのです。なぜ、ここにアスファルト道路が現れるのか。ホセはGPSを睨み、私は地図を凝視しました。路肩に腰を降ろしている道路整備員が1人。豪雨でがけ崩れが起き、ラ・パスへはこの新道しか通じていないのだと。あはは、また、悪魔にはぐらかされた。

　仕方なくアスファルト道路を登っていきました。やがて亜熱帯雨林が消え、気温は下がり、道路脇の山の斜面がうっすらと雪で覆われるようになりました。走行を停めたホセ。ライディ

コロイコからラ・パス。先の見えないカーブが続きます。

ラ・クンブレ（山頂）、標高4,670m。死の道で標高が最も高い地点。

ング・ジャケットにインナーを装着、ホセはスーツのズボンを脱いでインナー・パンツまではき込みます。手袋を冬用に替えて、再び出発。

　La Cumbre（ラ・クンブレ、山頂）、標高4,670m。気温4度。

　旧道が眼下に見えました。道は途中で幾枝にも分かれて走り、もしあそこに分け入っていたら、多分、道路標識もないまま迷い、今ごろは寒さで途方に暮れているでしょう。旧道が閉鎖していてよかった。ふふふ、今回は、悪魔が誤算した。11時30分。ラ・パス到着。

　その晩。ディナーのテーブルで。

　"MIDORI、休暇はまだ10日ほど残っているよ。ここからどこへ行きたいかい？"　"マチュ・ピッチュ！　そしてワイナ・ピッチュにも登りたい！"

　マチュ・ピッチュへの玄関口、Ollantaytambo（オジャンタイタンボ）までは、ラ・パスから1日半の距離です。クスコから、サクサイウアマン遺跡の前を走り、ピサック、カルカを経由しながら、500年の昔、インカの人々が天の川に見立てたというヴィルカノータ川に沿って走れば、オジャンタイタンボ

までは94kmの距離。あるいは、クスコからセンカ丘陵に入って、チコン山（5,530m）、ヴェロニカ山（5,682m）、サウアシライ山（5,818m）など、ウルバンバ山脈の峰々を前方に望み、標高4,000m地帯のカーブの多い道を、ピウライ湖とチンチェーロ遺跡を右手方向に見ながら走り、ウルバンバ渓谷に降りていく道を辿れば、76km。いずれのコースも過去、バイクで走った道ですが、インカ帝国の聖なる流域、あのValle Sagrado（ヴァージェ・サグラード）を、また走りたい！

　ひとたびマチュ・ピッチュを訪れた旅人は、一生のうちにもう2回、マチュ・ピッチュへ戻って来る、と地元の人は言います。我々も今回が3度目。大抵の旅人は、クスコからペルー鉄道に乗ってしまいますが、我々は走ります。そして、オジャンタイタンボが、バイクで到達できる最後の町。そこから先は、ペルーの法律に従って、ペルー鉄道とバスを利用しなければなりません。帰路はクスコからChivay（チヴァイ）へ行き、まだ走ったことのないコルカ峡谷を走り、アレキパからペルー海岸へ出て、アリカでチリへ国境を越え、私の好きなアタカマで1日休息して、翌日、ハマ国境を越えれば、2日半でブエノス・アイレスに戻れます。ホセもこの旅程に賛同してくれました。

ヴァージェ・サグラード。オジャンタイタンボの町並み。

翌朝。国道の右手側にティティカカ湖を見ながら走り、ボリヴィアからペルーへ国境を越えました。春も間近なアンデス山脈高原。風は冷たく爽やかで、空は飽くまで高く、深く青く、そして透き通っています。
 私の心もその空と同じだけ、晴れ渡っていました。

ペルーとの国境。ボリヴィア側。

著者略歴

荒井　緑（あらい・みどり）

1956年生まれ。神奈川県出身。
1978年横浜国立大学教育学部音楽科中退。
1988年10月アルゼンチンに移住。同年12月酒井サービス・モーデュス㈱に入社。
1990年12月ニチメン・アルゼンチン㈱に入社。
2001年3月ニチメン・アルゼンチン㈱閉鎖後、ニチメン本社がアルゼンチンに残した債権回収委託業務に従事。
2005年1月ウスアイアへの旅行を皮切りにパートナーのホセと南米各地をバイクで訪れる。

アンデスの空(そら)　パタゴニアの風(かぜ)

2014年6月10日初版発行

著　者　　荒井　緑
制作・販売　中央公論事業出版
　　　　〒104-0031　東京都中央区京橋2-8-7
　　　　電話 03-3535-1321
　　　　URL http://www.chukoji.co.jp/

印刷・製本／藤原印刷

©2014　Arai Midori　Printed in Japan
ISBN978-4-89514-427-8 C0026

◎定価はカバーに表示してあります。
◎落丁本・乱丁本はお手数ですが小社宛お送り下さい。
　送料小社負担にてお取り替えいたします。